Study on the Productivity and
the Development of Service
Industry in China

服务经济博士论丛

Doctoral Research Series on Service Economy

服务业生产率与
服务业发展研究

刘丹鹭　著

经济科学出版社

Economic Science Press

总序

　　经济服务化是世界经济发展史上的一个极其重要的现象，是一个国家走向现代化后在产业结构上表现出来的重要特征，是现代经济增长的基本动力来源。Fuchs 在其开创性研究著作《服务经济》(*The Service Economy*)中如此预言："起源于英国，随后在西方发达国家普遍发生的就业从农业向工业转移的现象是一次革命；同样，起源于美国，就业从工业悄然向服务业转移的现象，也将是革命性的。"如其所料，至 20 世纪 90 年代末，世界上几乎所有发达国家都已成为服务型经济国家。如今，发达国家 GDP 增加值和就业的 70% 已经由服务业创造，经济社会运行的关键特征也越来越表现为知识化、信息化和无形化。

　　对于正在全面走向基本小康社会和力争实现现代化的中国来说，大力发展服务经济的重大意义，至少体现在以下四个方面：

　　第一，制度创新的主要载体。无论是现代企业的产权体系和治理结构，还是现代市场体系的秩序和运作规则，或者是政府公共服务职能的法制化和现代化，其实都是一个现代服务业的发展问题。如创新赖以有效运作的知识产权制度，各类人才、技术、知识和产权等中介市场，财富驱动创新的金融制度安排，等等，无一不是属于现代生产性服务业发展的基本内容。

　　第二，经济结构调整的重要工具。服务业相对于非服务业尤其是制造业，是一种可贸易程度差、内需性强的产业，因此发展服务业事实上就意味着主要应开拓国内市场，以内需拉动经济增长而不是主要靠外需。中国经济过高的对外依存度，对应着国内巨大的、过剩的制成品生产能力。这些供给过度的制成品在巨大的竞争压力下，由于可贸易的程度较高，都通过国际贸易的方式消化到了别国的市场。发展服务经济，不仅有利于缓解第二产业的竞争压力，减少资源、能源和环境的消耗，而且还可以利用其本地化、可贸易性差的特点，就地消化在本国市场，从而实现扩大内需、降低国际贸易摩擦和转换发展方式。

第三，全球价值链攀升的关键要素。在全球价值链分工体系下，发达国家掌控着非实体的服务经济环节，如研发、设计、物流、网络、营销和金融等，而广大发展中国家在价值链的低端为其进行国际代工。发展中国家企业的升级努力往往被发达国家的大买家压制或者"被俘获"，很难向价值链的高端攀升。发展现代生产者服务业，可以利用其强大的支撑功能成为制造业增长的牵引力和推动力，为制造业的起飞提供"翅膀"和"聪明的脑袋"，从而突破发达国家对于价值链高端的封锁。

第四，居民幸福感提升的重要抓手。现今我国产业结构的重要特点是：与制造业供给严重过剩相对比，服务业许多行业的投资严重不足，产出尤其是高质量的产出处于严重的供给瓶颈，这就是所谓的"总需求向服务业集中而总供给向制造业倾斜"的结构性矛盾。制造业供给严重过剩要求我们在内需不足的前提下实施出口导向战略，而服务业投资严重不足则是使人民生活在经济高增长态势下感到不幸福、不和谐的主因。例如，绝大多数中国人始终生活在一种"求人"的状态，子女上学求人，看病求人，办事求人……。这一切，其实反映的是"与民生直接相关的服务业，如住宅、教育、医疗、养老等不够发达"的现实，反映的是人民生活质量与经济增长严重不匹配。

中国服务业发展的态势和趋势，决定了还有太多的理论问题需要研究，还有太多的现实问题和政策需要评估和推敲。实践中，实现服务经济健康持续发展的机制、路径、手段及政策工具尚不清晰，需要学者们投入热忱，潜心研究。南京大学应用经济学科和南京大学长江三角洲经济社会发展研究中心长期致力于我国服务经济问题的研究，以问题为导向先后出版或发表过一系列有关服务经济理论和政策问题的著作或论文。为了不断地培育我国服务经济学研究的后续新人，在上述两个机构的联合资助下，我们在经济科学出版社的帮助下出版了这套以服务经济研究为主题的丛书。我们期待着国内外同行和各界人士携手共同对此开展更加深入和广泛的研究，也欢迎广大朋友对丛书提出建议和批评！

刘志彪
2013 年 8 月

目 录
Contents

服务经济博士论丛

第1章

导 论

问题的提出

生产率是经济学中的核心问题之一。研究生产率的文献有一个普遍的特点，它们几乎都集中在宏观经济或是制造业领域，而鲜见对服务业领域的研究。是服务业不够重要吗？随着经济的发展，服务业占据了大部分国家 GDP 的主要部分。英美等发达国家的服务业占比达到 70% 以上，不少国家达到了 60% 以上，比重日趋增大，经济活动已经从制造业根本性地向服务业偏离；而生产性服务业，对经济增长的作用更是决定性的。高端制造业的生产率增长主要是研究开发这类生产性服务的功劳。这些事实表明，研究服务业的现有的经济学文献和服务业的重要地位并不匹配。服务业不仅很重要，而且将会越来越重要。服务业的生产率问题也因为其重要性成为服务业乃至整个经济领域中的热点问题（见图 1-1）。

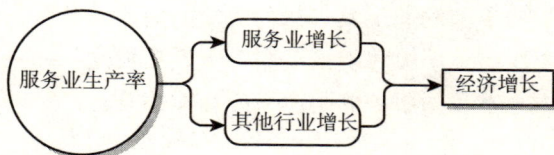

图 1-1　服务业生产率与经济增长

有关服务业生产率的理论，反响较大的是鲍莫尔假说（Baumol，1967）。鲍莫尔把经济分为两个部门，即技术进步的制造业部门和技术停滞的服务业部门，通过构筑一个两部门的不平衡增长模型，得出以下结论：第一，服务业的成本将随着时间的推移不断增大；第二，如果对服务业的需求弹性较小，则劳动力将会不断转移到服务业。最终生产率增长放慢，经济趋于停滞。福克斯（Fuchs，1965）也有类似观点，由于服务需求对于价格不太敏感，随着经济的发展，总就业中服务业就业的比重增加，总体生产率也将滞后。除了拉低总生产率，服务业生产率的滞后增长也会带来"成本病"问题。在不平衡增长的模型中，由于名义工资会不断增加，于是停滞部门（服务业）的成本即工资将会不断累积上升。如果该部门需求价格弹性较低，则对其服务产品的消费支出将越来越大；如果该部门需求价格弹性较大，于是人们将不断减少对该产品的消费直到市场萎缩或消失。这种成本病会给政府财政带来困难，也会给服务业自身发展带来困难。

"服务业生产率增长滞后论"中的两个部分都受到了挑战，即在服务业自身的技术进步和服务业在经济增长中的作用两个方面，都存在相反的证据。首先，服务业的生产率不一定是滞后的。这主要表现在，IT技术的应用使某些服务业的生产率大幅增长了，不少生产性服务业的生产率甚至高于制造业的很多部门。鲍莫尔（1986）在后来修改了他的结论，认为电信、交通行业的生产率很高。并且，如果把服务质量因素考虑进来，服务业生产率的增长也很明显，比如对于同种病症花费同样的时间，但21世纪的医生显然能够更好地拯救生命。其次，服务业对经济的影响不一定是负面的。奥顿（Oulton，2001）发现，服务可能用作制造业中间投入。只有当停滞部门是最终产品生产部门时，才会出现服务业增长拖累整体经济的局面。劳动力等资源其实是有相当大的部分流向了生产中间品的部门而非生产最终品的部门。与直觉相反，当这些资源流入停滞部门时，实际上提高了整体经济的生产率增长。普格诺（Pugno，2006）考虑了公共服务之后，也对服务业对经济增长的作用持积极评价的态度，包括教育、医疗、文化在内的服务业通过消费和投资两种途径促进了人力资本的积累，从而有助于整体生产率的提高。

虽然"服务业生产率增长滞后论"受到了挑战，但在我国，确实存在服务业发展滞后、生产率偏低的现象。这种现象的成因是什么？服务业发展受到何种因素阻碍？要用何种手段才能推动服务业发展？这一系列问题归结起来是本书主要的研究内容：我国服务业生产率的影响因素。

1.2 研究意义

1.2.1 理论意义：服务业的特殊性

国内外文献关注服务业生产率，其焦点主要集中在三个方面：第一，服务业生产率如何测量（Griliches，1992）；第二，统计因素对服务业生产率造成了怎样的影响（Tripett et al.，2003）；第三，服务业的生产率增长差异对经济产生怎样的影响（Oulton，2001；Pugno，2006）。关注普通行业生产率影响因素的国内外文献浩如烟海，然而，研究服务业生产率影响因素的文献却非常少见。是否有必要把服务业从整体经济中剥离出来考虑？除了服务业在发展中的重要地位这一答案以外，还有一个答案是服务的特殊性。

格朗鲁斯（Grönroos，1998）认为，服务和有形产品具有许多不同的特性（见表 1 - 1）。

表 1 - 1　　　　　　　　服务与有形产品的特性

特性	服务	有形产品
存在形式	非实体	实体
表现形式	形式相异	形式相似
同时性	生产、销售、消费同时发生	生产、销售、消费不同时发生
产品形态	一种行为或过程	一种物品
核心价值	核心价值在买卖双方接触中产生	核心价值在工厂里被生产出来
顾客参与度	顾客不参与生产	顾客参与生产
储存	不可以储存	可以储存
所有权	所有权不可以转让	所有权可以转让

资料来源：格朗鲁斯（1998）。

以上性质是指：（1）存在形式：有形产品是一种实体产品，服务是非实体的、无形的，它只是一种行为或过程。也正因为这个特点，有形产品具有可分性、可数性，而服务则不具备这些特点。（2）表现形式：有形产品是标准化产品，产品外形具有相似性；而大多数服务很难标准化，由于顾客参与服务的生产和消费，加上两者之间的相互作用，因此每一种服务都可能和其他同类服务的表现形式有差别。（3）同时性：有形产品的生产、销售和消费可以独立进行，顾客不参与产品的生产过程，员工也不参与产品的消费过程；而服务的生产、销售和消费其实是不可分离的同一过程，顾客和员工必须同时参与才可能完成服务的生产、销售和消费。（4）核心价值的产生：有形产品的核心价值是在工厂里被生产出来的，其核心价值在工厂里就被确定，与顾客无关；服务的核心价值是在顾客与员工的接触中产生的，核心价值的高低取决于顾客和员工双方的努力。（5）顾客参与生产的程度：有形产品的生产过程一般不需要顾客的参与，而顾客的参与是服务生产过程中的必要因素。（6）可储存性：有形产品生产出来后可以在一定时间内储存，不会影响消费；服务的生产和消费是同时的，必须在生产的同时就消费掉。（7）有形产品具有完整的权利结构，可以清楚地界定相关权利，当顾客购买了产品，其所有权就发生了转移；服务不具有完整的权利结构，顾客在对它进行消费后，不能获得对它的所有权，或者说只拥有使用权。

蔺雷和吴贵生（2007）综合了服务共同特性的论述，总结了与有形产品相比，服务的五个明显特征：

（1）无形性。无形性是服务最显著的特性。构成服务的许多要素在多数情况下都是无形和抽象的，顾客不能借助消费有形产品的方法感知服务的存在，消费服务获得的利益也很难被察觉。服务的无形性也不是绝对的，许多服务需要依附有形物品发生作用（如餐饮），随着科学技术的发展，无形的服务正日益有形化、物质化（如 CD、影片）。

（2）不可分离性。服务的生产、销售和消费同时发生。服务在本质上是一个过程或者一系列的活动，顾客必须和生产者发生联系。服务提供给顾客的过程也就是顾客消费服务的过程。制造业中，生产和使用过程是可以分离的，顾客只进行最终的消费，因此，生产、销售和消费有时间的间隔。在某些特殊情况下，服务的生产、销售和消费可以不同时发生，如"物化的服务"。

（3）异质性。服务的构成要素和质量水平经常变化。由于服务无法像有形产品那样标准化，因此同一服务存在质量差别。服务的异质性是由服务提供者、服务消费者以及两者之间的作用关系三方面共同决定的。不同服务人员技术水平、服务态度、努力程度会有所差异，顾客的个性特征存在差异，服务的时间地点存在差异，故服务的差别性很大。

（4）不可储存性。服务既不能在时间上储存下来以备将来使用，也不能在空间上安放以供转移，如果不能及时消费，就会造成服务的损失。它的不可储存性是由服务的无形性和不可分离性决定的。

（5）所有权的不可转让性。服务在生产和消费过程中不涉及有形产品所有权的转移。服务在消费完便消失了。服务消费者只对服务拥有消费权和使用权。

在五个特性中，服务的无形性是其他特性的基础。这五种特性也互相影响，形成了服务的特征。正是由于服务的无形性，它才具有不可分离性和不可储存性，而服务的异质性、不可储存性和所有权的不可转让性很大程度上是有无形性和不可分离性决定。

服务的这些特性也正是本书进行分析的基础。它告诉我们，不仅有必要将服务业进行单独分析，而且在研究时还要使用一个和基于服务特性的、与制造业有区别的分析框架。而在以往的研究中，基本采用制造业视角分析服务业问题，服务的特性有待进一步强调。

1.2.2　现实意义：我国服务业的生产率发展

服务业的主要问题是其生产率增长低于制造业。我国服务业生产率发展的现状，似乎又一次肯定了"服务业生产率滞后"和所谓的"成本病"。自 2001 年起，我国服务业增加值占 GDP 比重一直停滞在 40% 左右；而就业比重上升相对较快，因此我国服务业可能也患上了某种程度的"成本病"。随着生产成本和服务价格日益增加，服务业生产率增长日益缓慢。程大中（2004）对鲍莫尔假设的检验表明，我国服务业存在着"三低"现象，即服务业的增加值比重偏低、就业比重偏低和劳均增加值偏低。这种现象表明中国服务业不仅发展滞后，而且生产率的增长也是滞后的。

图 1-2 给出了我国服务业劳动生产率的变化情况。一个很明显的规律是，在 20 世纪 90 年代以前，服务业和第二产业的劳动生产率增长速度大抵匹配，而在 1990 年以后，服务业与第二产业劳动生产率不再平行，两者之间的缺口有愈来愈扩大的趋势，服务业的劳动生产率增长越来越慢。图 1-3 显示了服务业全要素生长率的增长情况。由于制造业的资本—劳动替代比率较高，所以如果使用全要素生产率，制造业和服务业之间的生产率差异比劳动生

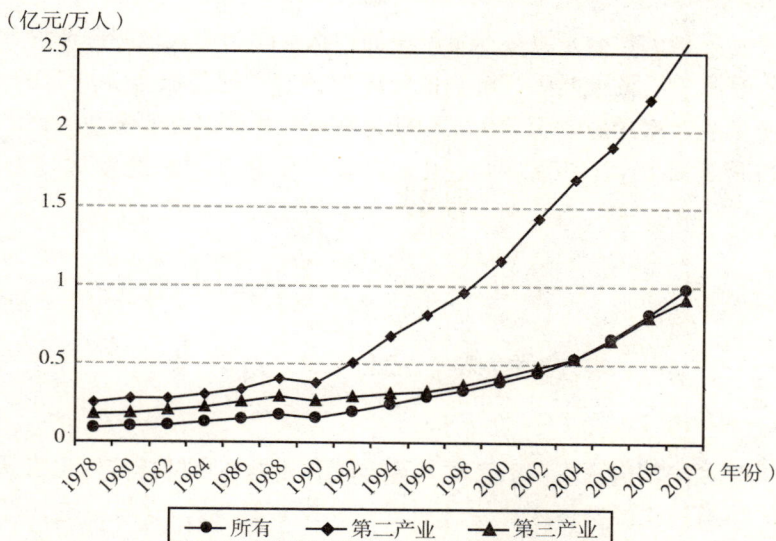

图 1-2　1978~2010 年我国劳动生产率变化（1978 年不变价）

资料来源：根据 2011 年统计年鉴计算。

产率测算得要小。但是在图1-3中可以看出，服务业的全要素生产率差不多是静止的。

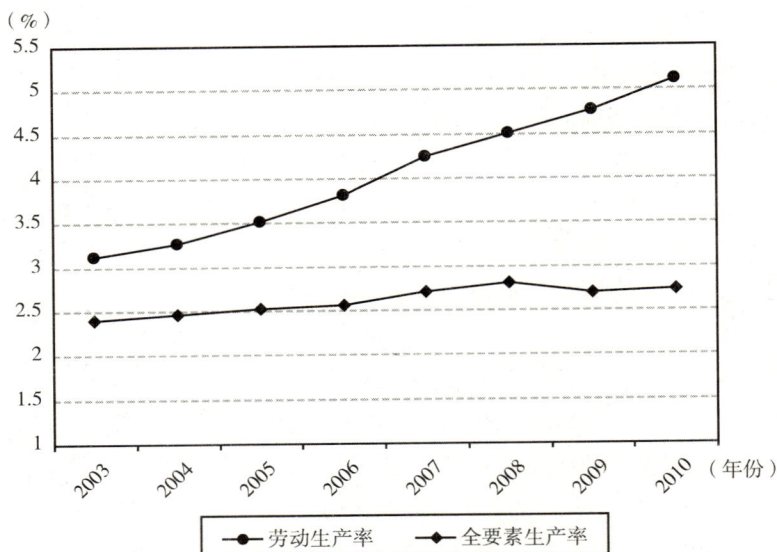

图 1-3 2003~2010 年服务业劳动生产率与全要素生产率（2004 年不变价）
资料来源：各年统计年鉴。

服务业发展的核心是服务业生产率的增长。在当前我国服务业增加值低增长、生产率低增长的情况下，解决该问题的核心是提高服务业滞后的生产率。研究服务业生产率的影响因素，实际就是在研究如何提高服务业生产率。一旦明确了发展的障碍，就可以通过相应的改革和量身定做的发展规划来消除它们。

1.3
理论框架：引入影响因素

研究生产率的决定因素的文献，其中既有从微观角度讨论，也有从宏观层面分析；既有讨论经济体内部的（如研发、技术创新），也有讨论外部力量的决定作用（如自然环境、政策等）；既有讨论有形因素（物质资本），也有讨论无形因素（如制度、文化等）；还有不少研究从不同的理论中有目的地提炼出几种，作为增长的分析框架。

1.3.1　世界银行的 3D 发展框架

2009 年世界银行出版的《世界发展报告》提出了一个由经济地理角度解读经济增长的理论框架，并建立了关于城市化、区域发展和区域一体化的政策框架。影响发展的三个因素（Development in 3D）是：更高的经济密集度（Density）、更短的距离（Distance），更少的分割（Division）。

• 密度：被定义为在单位土地上的经济密集度或产出，可以用每平方千米的 GDP 或增加值来衡量。较高的经济密度需要劳动力和资本地理上的集中，因此它和就业、人口密度有关。经济越是集中的地方，往往越是富裕。

• 距离：被定义为物品、服务、劳动力、资本、信息和理念在空间上传播的难易程度，它衡量了资本流动、货物运输以及服务在两个地点的传输。对于物品或服务来说，距离指的是付出时间和金钱的成本；对劳动力来说，距离包括因与熟悉地域隔离形成的心理成本（Psychic Costs）；而人为障碍，如政策，也是造成经济距离的原因。因此，距离不仅仅是经济偏远地区相对于经济集聚区的空间距离，还是因基础设施落后和制度障碍导致的经济距离。

• 分割：被定义为限制资本、人员、物品、理念在区域间流动的因素，它妨碍了经济一体化的进程。如果国家的区域界限变薄，加入世界市场可以得到规模经济和专业化的好处。例如，鼓励进出口的国家比限制进出口的国家增长更快。

这一理念框架借助的是克鲁格曼经济地理和贸易理论的思想，重新表述了集聚、人口流动、专业化和贸易四者作为经济增长动力的推动作用。

1.3.2　加尼的服务业 3T 发展框架

加尼（Ghani，2010）认为，世界银行的 3D 发展框架没有区分服务和货物的特质，因此用来描述服务业的发展不太合适。服务具有难以运输和储存的特点，在时间和空间上都受到各种约束；服务难以衡量、监管、征税；服务需要与客户面对面的互动。这些特点都使服务有更高的交易成本，据此，加尼用 3T 来概括服务业发展的动力：技术（Technology）、可运输性（Transportability）、可贸易性（Tradability）。

技术：信息通信技术的发展把服务变成可以分离的部分。传统的需要面对面交易的个人服务，被转换为可以电子化、长距离传输并且质量损失较少的非个人服务。对地点、时间、距离的要求已经不再是阻碍服务的必然因素。技术使服务能够被测量、交换、外包，也降低了服务的交易成本。对此，按照流量收费的网络广告就是一个例子。

可运输性：服务和货物全球化的显著差别就是两者贸易的方式。货物贸易通常需要海陆空等运输工具，而服务贸易的传输方式通常是网络等。随着卫星和通信技术的发展，国际间的服务运输变得非常便捷，与此同时，国际商务服务也得到了很大发展。尽管在过去几十年中，货物运输成本有所下降，但数字化的服务传输成本下降更为迅速。电话和网络促进了服务的全球供应链的形成，服务企业因此能够受益于专业化和规模经济。

可贸易性：货物在跨国贸易时经常会遇到国界、海关和关税的限制，而与货物不同的是，不少现代服务在跨国流动时遇到的政府壁垒比较少。举例来说，对于电子化的现代服务业，就难以适用"关税"。随着 3T 的不断发展，服务的可贸易性将进一步增强。

1.3.3 本书的理论框架

世界银行的 3D 框架从经济地理的角度论证了规模经济和专业化对地区、行业、国家发展的作用，为了实现快速增长，必须实现区域经济一体化。但正如加尼所言，该框架适宜用来分析制造业发展。于是加尼的 3T 理论把该框架进一步拓展为适用于现代服务业的框架，这主要表现在对技术创新的强调。3T 在某种程度上是其中的 1T——技术的不同角度的阐述，现代服务业的可运输和可贸易的基础和前提都在于技术变革。可以说，只要服务应用了信息技术，它就具有了可运输和可贸易性。因此，对于那些信息技术应用效果一般的传统服务行业，该理论解释力度有限。传统服务业中诸如贸易、住宿、餐饮、教育等的"停滞性行业"，不能轻易被数字化。这些行业使用信息技术的范围较小，受到技术革新的影响也较小。有调查发现，IT 是传统服务行业生产率增长的必要非充分条件[①]。例如，为了发挥 IT 带来的生产率之益，企业必须实行运营流程改革；又如，酒店在预约系统上进行巨额投资，但所增加的便利并不明显。

总的来说，3T 理论关注重点在现代服务业以及其发展动力——信息技术创新上，这就忽略了传统服务业以及服务业创新的其他形式。本书的研究对象不仅仅是现代服务业，还包括了传统服务业，于是本书重新整合了 3D 理论和

---

① 黛安娜·法雷尔：《提高生产率——全球经济增长的原动力》，商务印书馆 2010 年版，第三章。

3T 理论的要点，从企业层面、区域层面、国内政策层面和国际层面依次分析了服务业生产率的影响因素。这四个层面通俗地说就是：现代化、规模化、全球化和市场化。它们既是服务业发展的动力，也是现阶段中国服务业发展面临的主要矛盾。

企业层面——服务业的现代化。现代化既是技术的现代化，也是文化和制度的现代化。创新是实现现代化的主要手段。它不仅囊括了 3T 理论中的技术创新，而且也囊括了同等重要的制度创新。服务业中的创新复杂多样，3T 理论中的 ICT（Information and Communication Technology，即信息通信技术）在服务业的发展是一个例子。因为在服务业中，产品创新、流程创新和组织创新很难区分。ICT 自身的发展是一种产品创新，将 ICT 技术嵌入到企业的生产管理中是一种流程创新，但服务业的生产和消费是同时发生的，因此流程创新其实也是产品创新；ICT 的应用也是一种组织创新：ICT 从空间和时间上分割了服务的生产与消费，把服务从一对一的低效率生产方式中解脱出来，供应链被重新优化配置，生产效率得以提高，这是对服务产品属性的根本改造。ICT 应用偏向技术创新，而在服务业中，非技术创新也同样重要。消费者参加了服务的生产过程，消费者在创新中起导向作用：技术创新如果得不到消费者的认可，就失去了存在的价值；不同的消费者使服务具有差异性，针对各种消费者群体设计出的差异化服务就是多种形式的创新的表现。并且，消费者作为服务的生产者之一，他们决定了创新能达到的高度。技术创新提高了服务业的生产效率，使服务面对大量消费者成为可能，非技术创新进一步吸引了更多的消费者，提高了企业利润。这就是现代化促进服务业生产率的机制。

区域层面——服务业的规模化。和 3D 发展框架中的 1D（密集度）类似，空间上的集聚增加了经济密集度，引发了规模经济的产生。集聚对于服务业的意义比对制造业更重要。货物生产消费可以分离，故制造业在人口与经济密度低的地区也能发展；而大部分服务业生产消费不可分离，只能在人口与经济密度高的地区发展。即使 ICT 的出现改变了现代服务业的产品特征，使之能够运输、贸易，但现代服务业发展所必需的高技术人力资本、基础设施、信息网络等要素只能在人口和经济密度高的城市获得。因此，服务业的集聚性比制造业更强，密度增加带来的外部效应也更加显著。总体上看，城市化是人口和经济活动的集聚在空间上的映射，是衡量集聚的一个指标。在城市化的过程中，人口和经济密度的增加会推动服务业的发展，服务业的发展又刺激了人口流入城市、经济活动进一步向城市转移。因此通常城市化率高的发达国家，第三产业占比也高。即使在工业化进程较为落后的我国，这种趋势也相当明显。图 1-4 显示，我国的城市化进程一直滞后于工业

化进程，但是，服务业化进程与城市化进程却大体一致。江小涓和李辉
（2004）就指出，2002 年，我国城市服务业增加值已经占据总服务业的 4/5，
影响城市服务业发展的因素基本上也就是影响全国服务业发展的因素。这些
因素中，城市化水平和人口密度的影响比较显著。根据以上分析，我们提出
第二个影响服务业发展的因素——规模化。

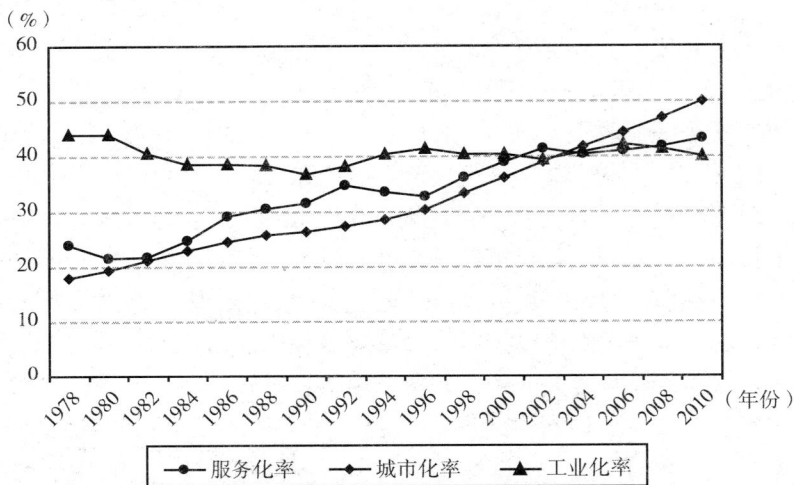

图 1-4　1978～2010 年我国服务业、工业增加值占比与城市化率对比

　　国内政策层面和国际层面——市场化与全球化。加尼认为，由于服务本身
的特殊性，服务在流动时的障碍较少。这个现象也只是针对那些可以数字化的
现代服务而言的。即便在技术层面上解决了服务的可贸易性，来自其他方面
（如制度）的障碍可能并未消除。解决这些障碍比解决商品流动的障碍难度更
大、耗费时间更长。比如，如果用行政手段限制资金进入服务业，它因为发育
不良导致的损害可能会远大于在技术上实现贸易和运输的收益。后者可以在短
期内达到目标，而前者需要很长时间才能养成。在我国，自由化的障碍正是目
前服务业发展的突出矛盾。

　　在 3D 框架中，与经济自由化对应的是分割（Division）；在 3T 框架中，
与经济自由化对应的是可贸易性（Tradability）。本书将自由化分解为市场化与
全球化。它们是经济自由化的两个要素。市场化即就单个国家而言，通过制定
开放政策，消除国内阻碍要素流动的因素，建立自由竞争的市场。相对于发达
国家来说，发展中国家的产品和劳动力市场远远没有达到完全竞争的状态，所
以在我国，市场化主要是指政府放松对市场的各种干预，消除行政垄断壁垒和
促进自由竞争，市场化的政策主要面向国内市场，而全球化主要针对两个或多

个国家。全球化主要从自由贸易的角度来诠释经济一体化,强调的是国家间贸易壁垒的消除,通过各种要素在各国之间的自由流动,达到在全球范围内优化配置资源的目的。市场化和全球化这两股外部力量可以带来这样的益处:市场化减少了不利于资本积累的扭曲,约束了垄断企业,迫使它们改变价格并提高生产效率,竞争秩序的引入促进了竞争,加强了经济体的创新,促进资源更有效地配置;全球化不仅具有市场化的效果,还具有学习效应。在面对与国内有差异或要求更高的国际市场时,经济体的生产率水平也会随之提高。它们还加强了经济活动的集聚,引发了规模效应和专业化效应。

图1-5展示了几个层面的影响因素与服务业生产率之间的结构关系。"四化"同时也对应了由小到大四个层面的问题,按照企业—区域—国内—国际的顺序递进:现代化是有关微观企业内部创新的重要问题;规模化是一个区域内若干个企业集合带来的规模效应;市场化是旨在建立国内竞争秩序、消除垄断的单个国家的政策取向;而全球化就涉及到国际范围内的贸易、竞争、分工和专业化。

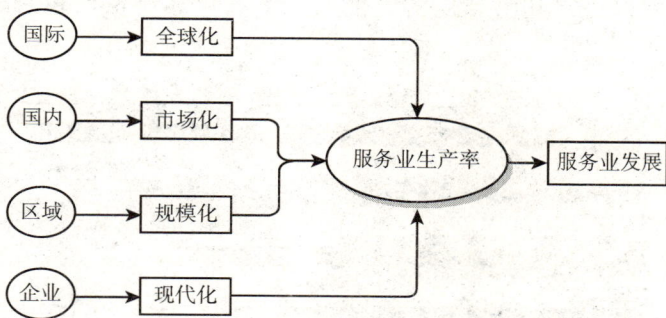

图1-5 本书的框架:服务业发展的"四化"

1.4
本书的组织结构

这四个层面的障碍确实是制约我国服务业发展的因素。这主要表现在:

现代化方面,现代服务业发展不足。2009年,批发零售业、房地产业占服务业比重居前两位,而信息传输计算机服务与软件业、科学研究技术服务与地质勘查业,卫生社会保障和社会福利业占比明显不足。与发展不足的现代服务业相对应的是,创新性要素投入也不足。服务业发展所需要的高端创新型人才、技术等,长期处于短缺的局面;另一方面,服务业信息化程度较低,现代化的管理流程、经营理念、技术手段等,在餐饮、住宿等传统服务业领域还未得到广泛的应用。

规模化方面,以城市化水平为表现特征之一的服务业集聚长期滞后于工业集聚。由图1-5可知,我国城市化水平直到2002年后才有赶上工业化水平的趋势。其次是服务业集聚在地区和部门间很不均衡。程大中和陈福炯(2005)发现,中国服务业的相对密集度的地区间差距水平远高于整体经济相对密集度的地区间差距水平,不仅各部门之间的集聚水平不均衡,而且各部门在各地区间的发展水平也很不均衡。

市场化方面,国有垄断势力过强,现代服务业监管过度,市场化程度较低。从服务业上市公司来看(见图1-6),除了信息技术业的民营上市公司比例高于国有控股公司外,其他行业的民营公司占比均低于国有控股公司,在交运仓储业、金融业、社会服务业、传播文化业等现代服务业更是对比悬殊;从投资结构来看(见图1-7),2010年,除了几个传统服务业的私人投资高于国有集体投资以外,几乎其他所有部门的国有集体投资都超过了私人投资数倍。

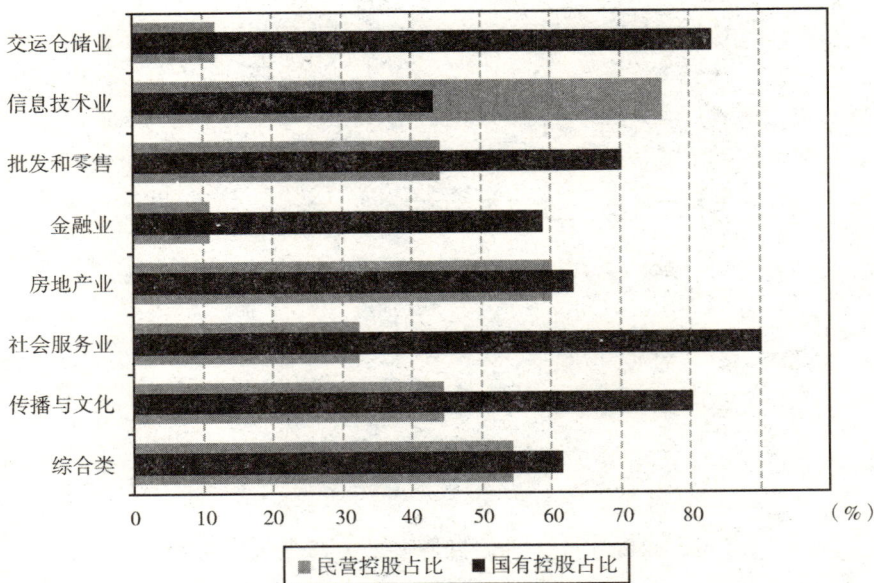

图1-6 2009年服务业上市公司数分所有制占比

资料来源:CCER金融数据库。

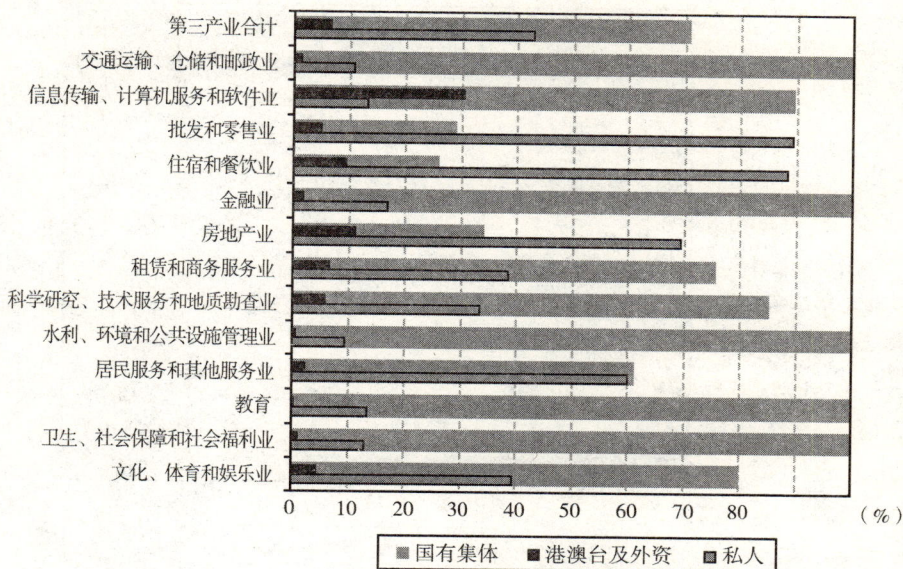

图 1 - 7　2010 年按控股情况分服务业城镇固定资产投资

资料来源：2011 年第三产业统计年鉴。

全球化方面，我国服务贸易虽然发展迅速（见图 1 - 8），但以进口为主，处于逆差状态；结构上以低端服务贸易为主。旅游、运输、建筑占据了服务贸易的绝大部分，而高端现代服务如金融、保险、专利使用费方面不仅占比较低，且均为逆差。这表明我国服务业以成本优势为主，竞争能力不强。从 FDI 来看，统计年鉴显示，2010 年，吸收我国外商直接投资最多的是房地产行业，占比高达 45.9%，依次有租赁及商务服务业、批发零售贸易业、交通仓储及邮电业，这与全球 FDI 集中在技术密集部门以及生产性服务部门的趋势有较大差距。

这四个层面的因素和服务业的生产率之间有怎样的关系？后文将主要回答以下几个问题，即：

- 服务业创新与服务业生产率有何关系？
- 服务业集聚与服务业生产率有何关系？
- 服务业市场进入管制与服务业生产率有何关系？
- 服务业全球化与服务业生产率有何关系？

在研究之前，我们先系统性地描述了我国服务业分行业、分地区、分时段，宏观层面上以及微观层面上生产率的特征（第 3 章）。四个部分的研究思路概括如下：

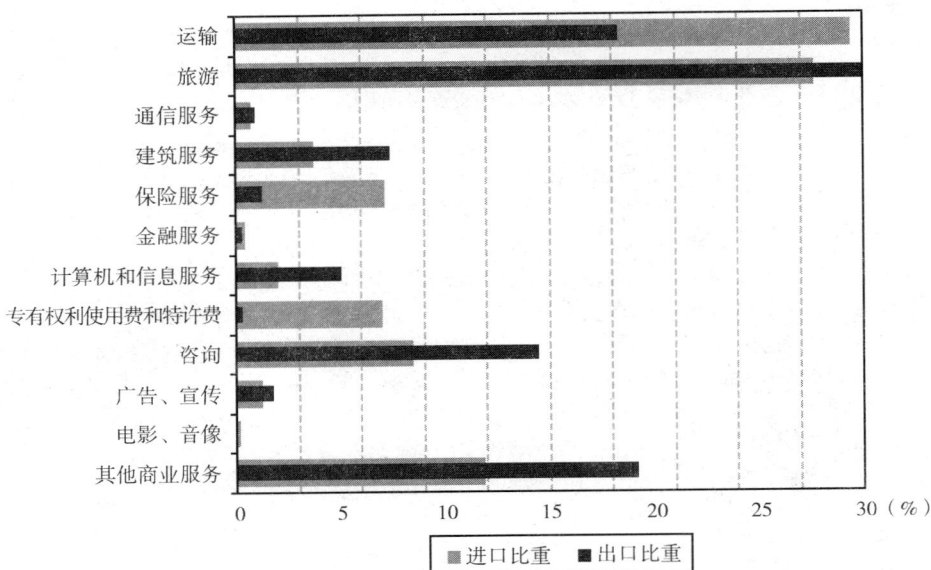

运输
旅游
通信服务
建筑服务
保险服务
金融服务
计算机和信息服务
专有权利使用费和特许费
咨询
广告、宣传
电影、音像
其他商业服务

0   5   10   15   20   25   30（%）

进口比重   出口比重

图 1－8 2009 年中国服务贸易进出口结构

资料来源：商务部网站。

服务创新与服务业生产率部分（第 4 章）：创新是引领产业现代化的主要力量。服务业创新与制造业创新有什么区别？服务业创新的决定因素有哪些？服务业创新对企业生产率有怎样的影响？借助苏州昆山地区服务业企业的样本，本章实证研究了前面的几个问题，并使用 Heckit 模型来解决选择性偏误的内生性问题。本章的特点是强调了服务创新与制造业创新的区别。例如，外部创新力量如客户和同行竞争者在服务业创新中有重要作用，而在制造业中，内部 R&D 和科研机构是创新的主要力量。本章还发现不同类型的服务企业和不同的创新模式与生产率之间的关系有所差别，例如创新在知识密集型服务业中起到显著作用，而在非知识密集型行业中效应不明显。

服务业集聚与服务业生产率部分（第 5 章）：服务业因何而集聚？集聚是否影响了服务业生产率水平？如果是，它又是通过怎样的机制来实现的？第 4 章通过建立数理模型和实证的方式，回答了这三个问题。如果说制造业的集聚效应是通过投入上的外溢效应来实现、"供给"是其中主角的话，那么在服务业中，"供给"退居二线，"需求"在服务业集聚中扮演了重要角色。是需求拉动了服务业的集聚，又是需求引发的外溢效应刺激了服务业劳动生产率的提高。集聚—生产率提高—再集聚，这种影响机制通过收益递增的作用自我强化。

管制与服务业生产率部分（第 6 章）：我国服务业管制的现状如何？管制通过何种机制影响了生产率增长？具体来说又有怎样的影响？总的来说，政府对服务业的管制比制造业要多；进入某些服务业的门槛比制造业要高；对外开放程度比制造业要低。对于企业进入某些政府管制行业，国有大中型企业仍然因其较大的经济规模、长期的经营和国家信用的支持而获得显见的优势，而这种制度和政策上的进入障碍明显阻碍了其他企业的进入。第 6 章描述了我国服务业管制的情况，建立了完全竞争市场下服务业管制效应的模型。该模型的主要思想是，管制降低了新企业的进入威胁，抑制了在位企业进行创新的积极性。因此进入壁垒越高，越不利于生产率增长。接着，本章用我国的面板数据实证了这一论点。结果并不完全如预期所料。当管制体现为私营企业或外资企业的进入时，对生产率没有作用。而当其体现为现有垄断势力的下降时，对生产率的贡献却较为明显。这表明，可能对于民营企业和外资企业的管制并未完全放松。

全球化与服务业生产率部分（第 7 章）：服务全球化是近 10 多年来经济全球化进程中最鲜明的阶段特征，与就业、增长、经济稳定、可持续发展等全球经济发展中的重大议题密切相关。服务业全球化与企业效率存在何种关系？以本地化集聚为特点的服务业，在企业效率提高的过程中，是全球化的作用更大，还是国内区域一体化的作用更大？第 6 章首先从服务贸易的角度实证了国际化与服务业企业效率之间的关系，随后，从供应链国际化的角度，本章分析于国际化与区域经济一体化对企业生产率的影响。本章的一个重要发现是，生产率越高的企业，贸易国际化程度越高；但从供应链角度来看，企业生产率越高，水平方向上的国际化程度越高，其他方向的国际化程度与之没有关系，反而是本土区域间前向嵌入程度与之正相关。这说明，生产率高的服务企业，不仅仅是国际化的企业，而且也是本土区域一体化的企业。

与以往研究生产率决定因素的文献相比，本书主要有两个方面的创新：

一是突出了"服务"，这是主题上的创新。本书旨在研究服务业的生产率，弥补了通常研究生产率是研究全行业企业或制造业的文献的不足。服务产品的无形性、生产消费的同时性、不可分离性、异质性等，这些特性始终贯穿于每章的分析框架，这也进一步明确了本书与在制造业概念下研究服务业的文献的区别。从思路上来看，在研究服务业创新时，本书进一步明确了服务业创新和制造业创新的区别；在研究服务业集聚时，突出了服务业集聚与制造业集聚的不同之处——需求的导向性；在研究市场化时，强调了我国对于制造业管制政策以及对服务业管制政策的差别；在研究全球化时，本书又特别注意了全球化和服务业本地性的辩证关系。从具体方法来看，为了体现服务的差异性，本书将模型假设由制造业的完全竞争改为垄断竞争；为了体现各部门的异质性，本书的实证均基于分部门细化的基础上。在指标上，也设计了不同于制造业的指标。鲜明的"服务性"是本书的特点。

二是实证较为精确。目前文献大多从产业和国家层面分析服务业的生产率，然而，根据官方公布的服务业增加值所作的经济分析，其结果将受到数据不完整的影响（岳希明、张曙光，2002）。本书同时采用宏观统计数据（第3、5、6章）和微观调查数据（第4、7章），在一定程度上避免了统计核算上的问题，并且补充了行业或企业层面研究的各自的缺陷。并且，本书对生产率的估算也较为全面，除劳动生产率外，也包括了全要素生产率和SFA法得出的技术效率。

参考文献

1. 程大中：《中国服务业增长的特点、原因及影响——鲍莫尔—富克斯假说及其经验研究》，载《中国社会科学》2004年第2期。

2. 程大中、陈福炯：《中国服务业相对密集度及对其劳动生产率的影响》，载《管理世界》2005年第2期。

3. 黛安娜·法雷尔：《提高生产率——全球经济增长的原动力》，商务印书馆2010年版。

4. 江小涓、李辉：《服务业与中国经济：相关性和加快增长的潜力》，载《经济研究》2004年第1期。

5. 克里斯蒂·格鲁诺斯：《服务市场营销管理》，复旦大学出版社1998年版。

6. 蔺雷、吴贵生：《服务创新》（第二版），清华大学出版社2007年版。

7. Bank, W., World Development Report 2009-Reshaping Economic Geography. 2009, World Bank：Washington, DC.

8. Baumol, W. J., Macroeconomics of Unbalanced Growth：The Anatomy of Urban Crisis. The American Economic Review, 1967. 57（3）：pp. 415 – 426.

9. Baumol, W. J., Productivity Growth, Convergence, and Welfare：What the Long-Run Data Show. *The American Economic Review*, 1986. 76（5）：pp. 1072 – 1085.

10. Coelli, T. J., et al., An Introduction to Efficiency and Productivity Analysis. 2005：Springer Science.

11. Denison, E. F., Trends in American Economic Growth, 1929 – 1982.

1985: Brookings Institution Press.

12. Fuchs, V. R., The Growing Importance of the Service Industries. The Journal of Business, 1965. 38 (4): pp. 344 – 373.

13. Ghani, E., The Service Revolution in South Asia. 2010, New Dehli, India: Oxford University Press.

14. Griliches, Z., Output Measurement in the Service Sectors. 1992: University of Chicago Press.

15. Jorgensen, D. W., Productivity: Volume 1: Postwar U.S. Economic Growth. 1995, Cambridge, MA: MIT Press.

16. King, R. G. and S. T. Rebelo, Transitional Dynamics and Economic Growth in the Neoclassical Model. *The American Economic Review*, 1993. 83 (4): pp. 908 – 931.

17. Mankiw, N. G., D. Romer, and D. N. Weil, A Contribution to the Empirics of Economic Growth. *The Quarterly Journal of Economics*, 1992. 107 (2): pp. 407 – 437.

18. Oulton, N., Must the Growth Rate Decline? Baumol's Unbalanced Growth Revisited. Oxford Economic Papers, 2001. 53 (4): pp. 605 – 627.

19. Pugno, M., The service paradox and endogenous economic growth. Structural Change and Economic Dynamics, 2006. 17 (1): pp. 99 – 115.

20. Romer, P. M., Increasing Returns and Long-Run Growth. *Journal of Political Economy*, 1986. 94 (5): pp. 1002 – 1037.

21. Triplett, J. E. and B. p. Bosworth, Productivity measurement issues in services industries: "Baumol's disease" has been cured. *Economic Policy Review*, 2003 (Sep.): pp. 23 – 33.

第 2 章

文 献 回 顾

导论中已经建立了一个基于服务特点的框架。本章从测量层面、企业层面、区域层面、国内政策层面和国际层面，将涉及上述层面与生产率的文献做了回顾。

2.1
测 量 因 素

分析服务业生产率的前提是测量生产率。服务产出无形、不可储存的特质使得对它的测量成为服务业计算中的首要问题，随之而来的定义问题至今也还是学术界争论的焦点。格里利谢斯（Griliches，1992）的论述是这方面的经典，他认为，服务业产出测量和以下三个方面有关：一是交易的内容和性质，例如，医生提供的服务，是医疗中的过程、诊断，还是治愈的结果？二是服务由使用者参与的性质使它很难标准化和定价。三是服务的质量变化很难察觉也很难计价。因此，服务业是"不可测度的部门"。

基于生产率测算的统计方面的研究则认为，服务业的产出和生产率计算上的误差低估了服务业的生产率，导致其生产率偏低。如果改变测量方式，鲍莫尔病就被治愈了（Tripett & Bosworth，2003）。分析显示，在 1995 年之后服务业的劳动生产率增长比制造业更快，而服务业全要素劳动生产率的增长也超过了制造业。主要有如下几个方面的衡量问题导致服务业的生产率被低估（Wölfl，2003）：

（1）投入衡量不当。主要包括劳动投入和中间投入的误差。中间投入包括物质投入和劳动投入，它们之间的比例难以衡量。而外包的流行会扩大这种误差的影响。

（2）产出与价格指数衡量不当。首先，产出的定义模糊。如肯德里克（Kendrick，1985）认为，服务产品无形又不可分割成单位服务，服务业异质性很强。这种特性使得服务很难找到合适的计量产出的单位。这也是格里利谢斯（1992）为什么说服务业是"不可测度的"。其次，缺乏合适的价格指数。很多服务难以把因为质量变化引起的价格变化和纯粹的价格变化区分开来。另外，在医疗、电信、个人服务等方面，价格信息的缺乏尤其严重。

（3）行业加总不当。一是在加总时，某些计算错误的服务可能被给予了不当的权重。二是服务作为其他行业的中间投入时可能产生误差。

因测量误差导致服务业生产率被低估的假设被许多国家学者所接受。在中国关于生产率测算的文献中，岳希明和张曙光（2002）认为，中国服务业增加值测算存在核算范围不全和部分服务计价过低的问题。许宪春（2004）赞同前者的观点，指出中国服务业核算上存在资料来源缺口和口径问题、金融媒介服务的处理问题、房地产业核算问题、软件的处理问题、服务业价格指数问题，等等。

除了以上统计方面的干扰因素，通常情况下，在具体计算时，主要用两种生产率指标。一是仅考虑人力投入的劳动生产率，另一种是考虑多种要素的全要素（Total factor productivity）或多要素（Multi-factor productivity）生产率。但如前文所述，服务业不同部门是异质的，许多文献在度量生产率的时候，都不约而同地将生产率细化到部门来计算，不同部门有不同的衡量方式。这在一定程度上给服务业部门间的横向比较带来了困难。

2.2
企业层面：服务创新与生产率

2.2.1 服务创新的概念化

自熊彼特开始的学者都赞同，创新关系到动态生产率的增长，是企业利润的源泉。相对于制造业，服务业创新并没有被非常广泛地研究。传统观点中，服务业技术停滞、生产率低，就等同于服务业创新性很弱。然而随着服务业的发展，尤其是知识密集型服务业的发展，服务业已经不再被认为是没有创新的行业。虽然几大调查如服务业的创新密度平均仍是低于制造业的创新密度，但学者们更趋向强调服务创新和制造创新的差异，即服务业的低创新可能是因为创新过程和方式的区别所造成。由此产生的有关服务创新的文献可以被归纳为三类（Coombs and Miles，2000）。

（1）同化型（assimilation approach）。服务创新基本类似于制造业创新，并且使用制造业中的创新概念和指标来衡量创新。这类研究把服务创新等同于技术创新和新技术、新设备的采用（例如 ICT），对于创新的认识有限（Coombs and Miles，2000；Djellal and Gallouj，2000；Drejer，2004）。

（2）区分型（demarcation approach）。服务创新和制造业创新是有差异的，因此需要专门的理论来诠释，并且着重关注服务业创新的非技术层面。法国的学者在这方面做了一系列工作（Djellal and Gallouj，2000；Sundbo and Gallouj，2000）。举例来说，服务产品生产消费的一体性、与消费者的交互性模糊了传统创新如产品创新、流程创新和组织创新的边界；服务不能标准化和量化，每个服务都是独一无二的，就无从区分服务多样化和服务创新；而当服务对象参与到产品的生产中来，创新的来源也不能界定了。但对批评者来说，这类区分服务类型的文献还是缩小了创新概念的范围，而且混淆了创新投入、过程以及产出（Drejer，2004）。

（3）综合型（synthesis approach）。服务业和制造业并没有完全不同的创新模式，它们有许多共通之处。不少高端制造业正越来越服务化，而高端服务业也越来越多地应用制造业创新的范式。将两者综合起来分析，才能够拓展以往经常被忽略的创新元素。综合型的研究，试图建立一个能够包括制造业和服务业在内的通用理论框架。

以上三类在后来的归纳中（Gallouj and Savona，2009），分别对应为技师型（technologist approach）、服务导向型（service-oriented approach）和综合型（integrative approach）。总之，越往后的文献，就越是承认创新在服务业和制造业的差异。比如，流程创新、产品创新和组织创新三者难以分清，因此强调三者之间的区别在服务业中没有在制造业中有意义。特瑟（Tether，2005）对服务业创新和制造业创新的差异研究较有影响力。在实证分析了欧洲创新景气度调查（European Innobarometer survey）后发现，服务企业难以分清流程创新、产品创新和组织创新。但是，它们认为自己进行组织创新的情况比较多。服务企业，尤其是那些有进行组织创新倾向的企业，更喜欢通过"软性"渠道如与上下游的合作、与大学研究机构合作等来创新和获取新技术，通过"硬性"渠道如研发、购买高级设备创新的企业较少；"软性"竞争力如员工专业技能和对外关系网络超越了研发和生产效率，成为它们所认为的主要竞争力。莱波宁（Leiponen，2005）的实证验证了特瑟的部分结果，即客户和竞争对手等外部创新源正向影响了服务企业的创新，但是内部研发没有这种效果。

因此，卡内尔瓦（Kanerva，2006）等认为，由于服务业创新和制造业创新天然不同，衡量服务业创新不能单纯地使用衡量制造业创新的指标。服务企业在创新中经常利用外部资源，较少利用内部的积累，因之比制造企业实践更快。

需要指出的是，虽然特瑟（2005）主要讨论服务相别于制造业的创新特性，但特瑟站在综合的角度，认为制造业创新模式和服务业创新模式并没有明显的区分，它们同为创新的一部分，扩大了创新的内涵。

2.2.2 创新和绩效

正因为服务业创新本身的复杂性，概念的分析还没有得到很完善的阐明。讨论服务业创新的文献其重点多在定义和分类，有关创新影响的文献相对较少。有关服务创新绩效的实证研究，根据前面对服务创新的定义和分类，主要以"同化型"为主，即使用制造业创新的框架研究服务创新的文献占据了主要地位。究其原因，一方面，技术创新的相关指标易于获取、组织创新的指标则较为含混；另一方面，人们更加关注技术创新，因为一般假定技术创新这种"硬创新"是长期经济增长的主要驱动力量。

在这类技术创新色彩浓厚的实证中，卡伊内利等（Cainelli et al.，2006）使用了 CIS2（Community Innovation Survey）数据，实证了服务业创新和企业生产率的互动关系。他们认为这两者有一种双向的影响关系，有动态的"自我强化的积累机制"：创新受到企业过去生产效率的作用，而创新又促进了企业生产率的提高。但在他们的研究中，创新指标被分为产品创新、服务创新、流程创新、R&D 投入、信息化费用等，带有强烈的制造业创新的色彩。卢夫和海什玛提（Lööf and Heshmati，2006）使用了瑞典的数据，发现创新投入和创新产出的关系，以及创新产出和企业绩效的关系，在制造业和服务业都极其相似。迈雷斯和罗宾（Mairesse and Robin，2008）使用三阶段 CDM 方程检验了基于 CIS3 和 CIS4 的法国制造业和服务业的数据，发现在服务业中，产品创新或流程创新对生产率的作用是制造业的 4 倍。莫索莱斯和惠班（Musolesi and Huiban，2010）依旧使用基于法国的 CIS3 数据，在知识密集的商务服务业中，产品创新对这些企业有强烈的影响，但流程创新和非技术创新不明显。塞加拉 - 布拉斯科（Segarra-Blasco，2010）区分了制造业和服务业、知识密集型和非知识密集型行业，发现规模较小和较年轻的知识密集型服务企业比制造企业 R&D 投入更多，R&D 投入、产品创新等对制造业和服务业都有积极作用。

随着时间的发展，越来越多的文献开始向"区分型"转变，从服务品和服务业创新的特殊性的角度出发来进行服务创新的实证工作。但服务创新中的非技术部分难于表达，可能为了强调服务业的特殊性，这些研究通常将服务行业分类或将与服务业特性有关的变量纳入考虑范围。研究的结果不像技术创新对企业生产率的作用那样统一和直接，且根据研究的不同呈现出多样化的特征。曼苏利和拉夫（Mansury and Love，2008）使用美国商务服务业的数据，强调了外部创新源、服务创新以及企业生产率的关系。他们将服务业的创新细分为产品创新、相对于市场的创新（new-to-market innovation）和相对于企业的创新（new-to-firm innovation）。研究发现，服务业创新对于销售和员工人数的增长有正面作用，对生产率却没有明显作用。而外部联系（如与客户的联系）对创新企业的绩效有着极其显著的积极作用。他们认为，这可能是因为创新在短期内对服务业企业具有干扰效应（disruption effects），或者服务创新的效果需要较长时间才能得以显现。在拉夫等人（2010）的两个后续研究中，尽管数据来源国和之前并不一致，但单纯的服务创新对生产率也没有起到明显作用，而是通过其他变量，如出口，间接地对生产率起到调节作用，只有当它们相关联时，才会促进生产率。玛索和法特（Masso and Vahter，2011）通过三阶段的 CDM 方程，检验了服务创新的决策、费用、强度、产出和生产率。在他们的结果中，非知识密集型服务业的创新对生产率的影响大于知识密集型服务业，非技术型创新只在某些情况下起到正面作用。此外，出口也是一个可以影响创新绩效的关键因素。在蔺雷（2012）对中国旅游业企业的调查中，服务质量是中间变量。服务创新对企业的绩效有直接和间接的作用，直接的作用是降低成本，间接的作用是提高服务质量，而服务质量又能促进消费者满意度和忠诚度，它们最终会反映到企业的绩效上来。该文的实证证明直接和间接的创新效应都对企业绩效有积极而显著的效果，但是直接效应大于间接效应。

综合以上实证研究大致得出这样一种印象：服务创新中的非技术创新部分对生产效率的影响比较复杂。它不像技术创新那么直接，也不一定都导致正面的效果，原因可能是，服务创新的影响可能存在时滞，还有可能不对绩效产生直接影响而只对某些中间变量产生间接影响，或者由于创新刚性的存在使创新资源的投入变成沉没成本。这又是一个服务业相对于制造业的独特之处，因为大量的实证已经证明了制造业中创新和绩效的积极关系（Lööf and Heshmati，2001；Kremp et al.，2004）。

2.3
区域层面：服务业集聚与生产率

集聚是指同一产业在某个特定地理区域内高度集中，产业资本要素在空间范围内不断汇聚的一个过程。早在 1890 年，马歇尔就指出了通过集聚促进产业发展和生产率提高的可能性。目前，产业在空间上的集聚带来的规模效应，已经是一个被充分挖掘的古老话题。集聚对生产率的积极效应已经在各种宏观和微观的研究中得到了证实（Henderson，1986；Ciccone and Hall，1996；Herdenson，2003；Kukalis，2009；Anderson and Lööf，2011）。如马歇尔所指出的，集聚发挥外部性的机制主要有以下几个：第一，上下游配套网络效应；第二，劳动力汇集效应；第三，知识外溢效应。杜兰顿和普加（Duranton and Puga，2003）重新表述了集聚经济的微观基础：共享、匹配和学习。

这些理论基本上可以解释大部分产业的集聚。因此，专门研究服务业集聚效应的文献较少。德克勒（Dekle，2002）检验了集聚的动态外部性对全要素生产率增长的影响。他使用格莱泽（Glaeser et al.，1992）的分类，把集聚的动态外部性细分为三种：马歇尔外部性（即知识外溢，专业化集聚）、雅各布外部性（即多样化集聚）以及波特外部性（即本地竞争强度）。他通过对日本 1975～1995 年的产业数据检验发现，在金融业有显著的马歇尔外部性，但不存在雅各布外部性和波特外部性；在专业服务和零售业中存在马歇尔外部性和较小的波特外部性，但不存在雅各布外部性。而与大多数文献相悖的是，以上各种外部性在制造业中都不存在。据此他认为，集聚给服务业带来的收益比制造业更多。但他没有继续讨论出现这种现象的原因。因为大部分文献都是基于生产角度的理论解释集聚，卡尼那、恩茨和哈里森（Canina，Enz and Harrison，2005）在分析美国住宿业集群后认为，以往的集聚理论是生产角度的阐释，在解释技术密集型的制造业时比较有效，但碰到低技术的服务行业如饭店、零售、住宿等就缺乏说服力。比如，技术密集型行业需要专业劳动力，而低技术服务行业不需要；知识外溢是信息更新快的技术密集行业的核心竞争力的来源，对饭店业来说就没那么重要。对于低技术服务行业来说，他们认为应偏重从消费者角度解释集聚效应，但该研究主要强调的是住宿业集群中差异化战略与企业绩效的关联，对需求导向的集聚的外部性的机理未作进一步讨论。基伯和奈查姆（Keeble and Nacham，2002）也将服务业集聚的焦点定在了需求上。他们研究了英国300家商务服务和专业服务企业，认为需求方面的利益、集体学习的作用以及全球化优势是集聚的收益。集体学习可以通过三种渠道来实现：非正式的社会关系网络；集群中生产性服务企业之间正式的合作；集群中劳动力的流动可以促进知识的流动。而全球化供应网络、客户网络和知识网络对知识密集型服务企业的重要性与日俱增。这些生产性服务业企业如果能够集聚在国际大都市的服务业集群中，就能够发挥集聚和全球化的优势。因此，全球化程度最高的企业，往往也是本地嵌入程度最深的企业。

在研究我国服务业集聚的规模效应的文献中，程大中、陈福炯（2005）描述了相对密集度与服务业劳动生产率的关系，胡霞（2007）检验了集聚对城市服务业差异的影响，童馨乐等（2009）考察了影响服务业生产率的因素，原毅军等（2011）检测了多样化集聚和专业化集聚对服务业劳动生产率的效应。

从以上文献可以看出，不管是国外还是国内的研究，都少有强调服务业和制造业在集聚模式上的差异。对于服务业集聚影响生产率的机理，主要是从具体行业的具体因素出发讨论，没有进行系统的阐述。

2.4
国内政策层面：服务业管制与生产率

2.4.1　服务业管制的现状

管制一般包括两个方面的内容，一是相对于私有化而言，表现为对所有制的控制；二是相对于自由化而言，表现为令可能充分竞争的市场自由化以及加强自然垄断市场的竞争。通常情况下，服务业的管制远比制造业严格。在尼科莱蒂和斯卡尔佩塔（Nicoletti and Scarpetta，2003）对OECD国家各行业管制情况的总结中，大部分服务业都受到不同程度的管制。由表2-1来看，制造业仅在进入壁垒和贸易上受到一定管制，其他方面较为自由；生产性服务业和公共服务业受到管制领域较多，带有自然垄断性质的行业受到管制较多，部分本来可以是充分竞争的消费性行业如零售业、餐饮住宿业也有部分的管制。

表 2 - 1　　　　　　　　　OECD 国家各领域管制情况

管制领域	制造业	服务业	
		充分竞争行业	自然垄断行业
进入壁垒	行政负担	行政负担； （货运，零售，餐饮住宿） 价格下限（货运）； 许可证和其他进入限制； （货运，零售，航运，金融，专业商务服务）	对竞争者数量的立法限制； （水电气，航空，铁路，邮政，电信）如反垄断豁免 在位者保护；（航空）
所有制			政府对在位企业的股权控制 （航空，电信，铁路）
市场结构			公有企业数占比；（水电气，邮政） 集中指数（航空）
纵向一体化			上下游潜在竞争市场的网络非绑定（unbundling of network）程度 （水电气，通信，邮政，铁路）， 令竞争者难以寻找配套网络
价格管制		管制价格 （零售，金融，专业商业服务）	管制价格（电信，航空，邮政）
经营限制		活动限制； （货运，航运，金融，专业商务服务） 使用投入品限制； （货运，零售）	
贸易和 FDI 限制	关税和非关税壁垒	外国企业歧视 （货运，航运，金融，专业商务服务） FDI 限制 （航运，金融，专业商务服务）	FDI 限制（航空）

资料来源：Nicoletti and Scarpetta（2003）.

2.4.2　服务业管制的测度

　　测度管制是检验管制对其他变量影响的前提。然而，管制是一种难以量化的政策手段，因此实证研究经常采用市场竞争度、市场自由度（从反面来讲是垄断强度）来间接地代表管制的放松或收紧。广泛认可的衡量竞争程度的指标是价格—边际成本差额（price-cost margin，也即勒纳指数（Lerner index），但边际成本难于获得，在实际中难于操作；赫芬达尔指数（Herfindahl index）

从行业层面测量了企业的集中程度，它是一个行业中各厂商所占行业总资产百分比的平方和，这个指数对数据要求较高，难以进行经验分析。近年来，也有学者把外资进入本土市场的程度当成管制以及市场自由化的指标（Aghion et al.，2004；2005）。影响更大的测度管制的指标体系是 OECD 的产品市场管制指数（Product Market Regulations Indicators，PMR），或是 OECD 的非制造业管制指数（Non-Manufacturing regulation indicators，NMR，Conway and Nicoletti，2006）。这些指标量化了国家层面的管制环境，并且克服了传统指标的内生性问题。PMR 体系也是尼科莱蒂和斯卡尔佩塔（2003）在测度 OECD 国家制造业和服务业管制情况使用的体系，主要包括国家控制、企业家精神壁垒和行政管制三个方面，对于服务业，管制指标又如表 2 - 1 一般，细分为所有制、进入壁垒、经营限制和价格管制。NMR 指标体系中，服务业的管制按行业分为三组，第一组测度了能源、运输、通信等 7 个行业的管制（ETCR 指标），第二组测度了零售、物流和某些商业服务业等 5 个行业的管制（RBSR 指标），第三组是综合了前两组结果以及金融行业管制得出的管制影响力指标（Regulatory Impact indicators，RI indicators）。以上指标体系正在被越来越多的实证研究所运用。

2.4.3　服务业管制与生产率的研究

管制增加了企业的进入成本，削弱了市场竞争。保时克（Poschke，2010）的论文就遵循了这个逻辑。他指出进入成本会影响企业的技术创新。通过建立异质性企业的模型，他发现进入成本解释了 1/3 的生产率差距。而在劳动力市场竞争不够充分的情况下，这种负面影响甚至更大。竞争对生产率有三个方面的作用，从分配效率（allocative efficiency）方面来看，竞争优化资源配置，将效率低的企业踢出市场，把资源优先给高效率企业使用；从技术效率（technical efficiency）的角度来看，竞争促进了企业的对生产要素的利用，有竞争压力的企业会更有效地利用资源；从动态效率（dynamic efficiency）的角度来看，为了避免被挤出市场，在位企业需要不断地进行创新。管制越紧，竞争强度越小，垄断势力越大，受到保护也就越强。效率低的垄断企业无须改进效率也可以存活，效率高的小企业、新企业却因管制被排除在市场外，管制就对全行业效率产生了负面影响，发生了"政府失灵"的现象。

实证方面，大部分是全行业或制造业的研究。尼科莱蒂和斯卡尔佩塔（2003）对 18 个 OECD 国家的制造业和服务业的产品市场管制情况和国家层面的全要素生产率增长做了较为系统的分析。他们发现，在制造业中，对于那些技术较为落后的国家，放松管制以及降低进入壁垒可以获得更高的生产率增长，而私有化的改革也有这种作用。在服务业中，进入自由化对服务业所有行业的生产率都有促进作用。他们进一步发现，竞争较为充分的服务行业与带有自然垄断性质的服务行业受到影响也不相同。洛艾萨等（Loayza et al.，2009）同样检验了管制对包括发展中国家在内的各国经济绩效的影响，除了发现产品市场改革和贸易改革对于生产率的促进之外，还发现，管制改革的效果全部实现需要花费时间。阿吉翁等（Aghion et al.，2004；2005）的一系列文章构建了熊彼特"创造性破坏"的经济增长框架，并在此框架下讨论了与之有关的各种问题。他们主要的论证逻辑是进入壁垒影响创新。他们将市场内的企业分为生产率高的领先企业和生产率低的落后企业。在有进入威胁的情况下，创新能够提高领先企业的生产率，防止潜在进入企业进入，因此进入威胁越大，领先企业的创新动机越强；相反，落后企业即使进行创新投资也无法击败潜在竞争者，进入威胁反而和落后企业的创新性负相关。因此，放松进入管制对于落后行业和领先行业有不一致的影响。但是他们的实证肯定了在发达国家如英国，以及发展中国家如印度，降低进入壁垒或自由化改革对于生产率的积极影响。其中，对英国的实证分析使用的是企业层面的数据。其他使用企业层面的实证有：巴塞吉涵（Barseghyan，2008）用世界银行 2007 年"Doing Business"数据，将建立新企业所需支付的各种费用代表进入成本，证明了进入成本与全要素生产率的负面联系。奥斯皮纳和谢夫保尔（Ospina and Schiffbauer，2010）借助世界银行的企业调查数据，找到了竞争和生产率之间的坚实联系，促进产品市场改革的措施显著地增强了竞争。根据他们的测算，由改制诱发的竞争对生产率增长的贡献大约有 12～15 个百分点。

　　由于服务业异质性较大，表示其特点行业效率的变量更加细化。针对特定服务行业管制与生产率的研究较少。通常认为，对于诸如电信、交通、金融等自然垄断行业，让政府进行进入管制，限制过度竞争，可以起到节约社会成本、提高生产效率的作用。但是对于这些行业的研究越来越发现，即使是对自然垄断行业的管制，还是会影响生产率。拉弗朗斯和顾（Lafrance and Gu，2008）粗略地对比了 1977～2003 年加拿大和美国的交通、电信和金融业，发现放松监管的加拿大的服务行业的生产率增长比整个商务服务快，也比美国对应行业的生产率增长快。康威等（Conway et al.，2006）专门讨论了信息通信技术行业管制的损害。他们认为，对于技术更新速度快、传播速度快、创新性强的行业如信息通信技术（ICT）行业，反竞争的管制政策危害最大，这种危害不仅包括损害 ICT 自身的效率，也包括损害其他密集使用 ICT 服务的行业的效率。这种损害的渠道主要来源于两个：减少 ICT 行业投资和影响跨国公司技术溢出。虽然该研究侧重点是服务业管制对其他行业的影响，但是作者首先肯定了管制对服务行业自身的损害。

2.5

国际层面：服务业国际化与生产率

国际化（或称全球化）的程度，可以看成各种生产要素跨国流动的程度。例如，国际货币基金组织在 1997 年的《世界经济展望》中为经济全球化下的定义是："跨国商品、服务贸易及国际资本流动规模和形式的增加以及技术的广泛传播，使世界各国经济的相互依赖性增强"。因此，服务业国际化，是服务产品中各种生产要素跨国流动的程度。服务企业进行的跨国经营和海外活动，则是国际化的渠道和载体。服务企业的跨国业务主要有国际贸易、外商直接投资、国际服务外包等。这几种模式相互关联又各有特点。微观层面上研究国际化对服务企业生产率的影响，主要是以检验企业的跨国业务与生产率的关系来展开的。

2.5.1 服务贸易

由于服务产出的特性相对复杂，服务贸易比制造品贸易的形式更复杂。WTO 的服务贸易协议（General Agreement on Trade in Services）把服务贸易定义为四种形式：跨境提供服务、跨境消费、商业存在和自然人的移动。正因为服务贸易具有复杂性和多样性，大多数讨论服务贸易的文献，都没有建造出一个统一的框架，而是针对不同行业特质，借用制造业的理论进行分析。在这之中，基于企业生产率异质性和贸易关系的贸易理论（Melitz，2003）的模型来源自微观层面上企业的贸易数据。由于进入国外市场需要付出一定的固定成本，因此企业生产率的异质性会对企业的贸易行为产生自我选择效应，生产率最低的企业退出市场，生产率最高的企业进入国外市场和国内市场。跨国公司比单纯出口的企业有更高的生产率（Helpman et al.，2004）。沿着这条轨迹，接下来贸易与企业生产率的实证研究先是从制造业起步，近年来才渗透到服务业。大体来讲，这些文献有两种方向：第一种方向是自我选择效应即生产率对贸易的影响；第二种方向是反过来讨论贸易对生产率的影响。按照进口、出口分类，这些文献有四种类型。

第一类讨论出口与自我选择效应的文献，主要关注出口服务企业与非出口服务企业的不同特征（Kox and Rojas-romagosa，2010；Temouri et al.，2010）。郭霍和罗亚斯－罗马戈萨（Kox and Rojas-romagosa，2010）发现，荷兰的服务企业出口参与度和出口强度大大低于制造业，但制造业和服务业的自我选择效应都显著存在，相反的"出口中学习"的效应不显著。泰莫利等（Temouri et al.，2010）比较了英法德三国的商业服务业，三个国家的出口企业确实工资更高并更有效率，而出口企业出口前高工资和高生产率的存在证明了自我选择的存在。

第二类是出口是否能够促进企业生产率。即"在出口中学习（learning-by-exporting）"。大多数发达国家的研究认为，这种学习效应比较微弱（Bernard et al.，2007；Wagner，2007），而更多的是自我选择效应。但是，作为可能提高技术水平的政策手段之一，"出口中学习"的假说是发展中国家学者的关注重点。根据比较优势理论，发展中国家的出口主体构成是低技术、低附加值的劳动密集型产品。发达国家的买主对产品质量的要求，迫使发展中国家企业购买设备、提高技术，从而提高生产率；在某些情况下，这些买主还会将知识转移给发展中国家的企业，比如对他们进行技术培训等。另外，出口市场更加激烈的竞争也是企业改善效率的一个动机。由此，企业实现了被动的升级。故这种"出口中学习"的效应可能存在于发展中国家。这方面的实证研究以制造业为主，但并未达成一个统一的结论。从对中国制造业企业层面的研究来看，大部分肯定了出口对生产率的提升（张杰等，2009；余淼杰，2011；易靖韬等，2011），但它的存在需要有一定的条件，在戴觅等（2011）的研究中，企业出口与出口前的研发投入有密切关系，并且首次出口后几年这种效果不显著。这说明，多数情形下这种"出口中学习效应"可能是一种短期内生产率的提高，其主要依赖的是对发达国家生产设备的依赖，而不是自身创新能力的提高。在服务业中，部分出口促进生产率的机理如学习效应、竞争效应等，与制造业是一致的，但服务业自身的特性又使其并不完全与制造业相同。首先，制造业的跨国公司可以把高技术的生产环节保留在母公司，把低技术的部分转移给海外企业，但服务业生产消费一体化，直接面对客户，服务业跨国公司要想利用海外的劳动力成本优势，就必须把母公司成套的业务复制过来，而本土的参加服务贸易的企业，也因为服务需求导向的特性，直接积累了业务能力。其次，服务业的主要生产要素是人力资本而不是物质资本。从发达国家引进的物质资本，如生产设备，会因为时间的推移或贬值或淘汰，而人力资本具有积累性，在出口中干中学的过程，加速了人力资本的增值。因此，出口对于服务业生产率的增长的正面影响，可能比制造业要明显。在人力资本尤其重要的知识密集型服务业，也许更为显著。

第三类是进口服务企业的自我选择效应，与不进行服务贸易的企业相比，进行服务贸易的企业是否具有不同的特征（Breinlich and Criscuolo，2011；Kelle and Kleinert，2010）。就现有文献看，企业的自我选择效应强烈地表现在了进口活动上。卡斯泰拉尼等（Castellani et al.，2010）发现，从事进口的企业其绩效比从事出口的企业绩效要好。穆尔斯和皮苏（Muûls and Pisu，2009）研究了比利时服务业的数据，也发现了这个现象。布莱恩里希和克理斯库罗（Breinlich and Criscuolo，2011）总结了世界第二大服务出口国英国的数据：进行服务贸易的企业规模更大、生产率更高，更有可能是外资公司或跨国公司的子公司；服务出口企业与服务进口企业相比，进行出口的企业具有规模小、资本密集度低、技术密集度高、生产率高的特点。

第四类是进口能否提高生产率。发展中国家通常劳动力禀赋充裕、技术相对稀缺，出口是低端要素的流出，进口是高端要素的流入，进口的促进作用十分直接。而进口对发达国家企业同样有着提高生产率的正面效果（Kasahara and Rodrigue，2008；Vogel and Wagner，2010）。进口国通过进口，除了直接利用出口国研发的中间品导致的企业生产率提高外，还有外溢效应以及竞争效应的存在。与出口提升生产效率的机制类似，外溢效应主要指的是技术学习，也就是"进口中学习"。阿查雅和凯勒（Acharya and Keller，2008）发现，在长期，进口高技术产品引发了进口国的技术学习，提高了进口国生产率。哈尔彭等（Halpern et al.，2005）发现，进口可以解释匈牙利30%的TFP增长，而进口高技术产品又占据了这个效应的50%。竞争效应指的是，进口同类产品加剧了国内企业的压力，他们不得不创新提高效率才能生存（Lawrence and Weinstein，1999）。进口中间品也能提升企业的生产率（陈勇兵，2012）。对于以进口设备提高生产率的方式，就我国的角度来看，虽然采取引进设备的方式可以获取技术效率的短期提高，但如只是单纯引进，不能有效地消化吸收，本土企业就会陷入引进—落后—再引进—再落后的怪圈，受到"俘获"和"锁定"效应的钳制，在长期内对生产率没有正面作用（张杰等，2009）。

也许是受到重商主义的影响，发达国家的学者关注出口较多。我国执行的是出口导向型发展战略，学者也较少研究进口，企业层面的实证研究就更加稀缺。研究服务贸易与生产率关系的文献，由于数据缺乏等各种原因，描述特征或自我选择效应的较多，定量分析服务贸易的促进作用的文献较少，这方面的实证多来自制造业。

2.5.2　服务业国际直接投资及其溢出机制

国际贸易影响发展中国家本土企业技术效率的机制主要有三种：学习模仿

效应，竞争效应以及直接帮助效应。这几种外溢效应需要通过本土企业和海外企业的互动，以本土企业和海外企业的供应链为纽带才能得以传导。根据供应链关系，它们又可以细分为：与海外同行业竞争者互动发生的产业内溢出（intra-industry spillover），又称水平溢出（horizontal spillover）；与海外供应商和客户互动发生的产业间溢出（inter-industry spillover），又称垂直溢出（vertical spillover）。垂直溢出中，海外客户企业对本土企业产生的影响为后向关联效应（backward spillover），海外供应商对本土企业产生的影响为前向关联效应（forward spillover）。所谓国际化，从供应链的角度来看，就是在国际化供应链中找到自己的位置，而最国际化的公司，就是供应链的主导者，价值链的链主——对供应链各环节都有控制权的跨国大公司。

水平溢出效应对本土企业的影响主要通过竞争和模仿以及劳动力的流动来实现。海外企业生产效率较高，为了在竞争强度更大的市场上存活，市场内的本土企业必须更有效地利用资源、研发新技术、提高生产率。通过模仿和劳动力的流动，技术从海外同行扩散到本土企业，此为正面的溢出效应。但是，这种水平溢出效应可能会被负面的挤出效应所抵消，因为海外竞争者无疑会挤占本土企业的市场份额和成长机会，吸引当地高质量的劳动力（De Backer et al.，2003）。

通常认为，水平溢出效应影响了海外跨国公司的利益，因此它们会想方设法阻止这种外部性的扩散，而垂直溢出效应却对跨国公司有利，因此产业间的垂直溢出效应往往要高于产业内的水平溢出效应（Kugler，2000）。后向关联效应对本土企业的正面影响主要体现在：海外客户企业对产品质量、标准、设计的高要求，迫使本土企业提升管理水平和进行技术创新，在这个过程中，客户企业可能会主动给予本土供应企业生产过程中的各种信息和技术支持，比如帮助建立生产设施，在采购上提供帮助，参与产品的生产过程和质量改进，在管理和组织上提供培训，甚至帮助本土企业寻找新客户，等等。另外，海外企业对本土企业产品需求加大，可能引起规模效应。然而后向关联也可能有负面性，比如海外企业对本土供应商的中间产品需求过大，使大量企业进入上游参与竞争，产生市场挤出效应，或是本土小规模供应商无法满足高标准的要求，或是无法承担较高的固定成本等。通过前向关联效应，本土企业可以从上游海外供应商获得技术含量较高的产品和服务，直接帮助了本土企业生产效率的提升。

经验证据多来自制造业。水平溢出效应一般用外资企业产出（就业）占总产出（就业）比重来衡量。大部分发展中国家的实证研究中，这种效应不够稳健或是为负（委内瑞拉，Aitken and Harrison，1999；保加利亚和罗马尼亚，Konings et al.，2000；捷克，Kosová，2010），而在发达国家如欧美（Haskel et al.，2007；Keller and Yeaple，2009），溢出效应为正。总的来说，根据国家、行业或企业的数据得出的水平溢出的实证结果各有不同；按企业所有制、规模等分类，外溢效应也许存在不同的传导机制。以中国为例，亚伯拉罕等（Abraham et al.，2010）在不同分类的企业中发现了正面的水平溢出，中国学者许和连等（2007）使用工业面板数据用产出表示水平溢出程度时，也发现了正面的溢出效应，但使用就业表示时，溢出效应就不显著了。亓朋等（2008）用企业面板数据时，也并未发现行业间外资企业的外溢效应。垂直溢出效应的实证结果中，后向关联效应基本为正，如印度尼西亚（Blalock and Gertler，2005），立陶宛（Javorcik，2004），捷克（Stancik，2007），英国（Girma et al.，2007），中国（许和连等，2007）；前向关联效应中，正面作用很少存在，即使存在，也不够稳健（Gorodnichenko et al.，2007；Belderbos and Van Roy，2011）。

这些研究从早期的行业层面研究发展到近期的企业层面的研究，由于采取数据和测量方法有差异，关联效应的实证结果不尽一致（Görg and Greenaway，2001）。研究行业基本以制造业为主。格罗德尼申科等（Gorodnichenko et al.，2007）的实证涉及了服务业，服务业企业的水平与垂直方向上均呈现出正面的溢出效应，在前向关联效应上，服务业与制造业差别较大。

2.5.3 国际服务外包：专业化效应

首先是参加国际服务外包的企业生产率是否强于不参加的企业。由于微观数据的欠缺，这方面的对比研究较少。富浦（Tomiura，2007）搜集了1万多家日本制造业企业的大样本数据，对比了参加外包、出口和FDI企业的生产率。总体来说，单一国际外包的企业的劳动生产率高于不跨国经营的企业和出口企业，但低于单纯进行FDI的企业；在同时从事两项以上跨国业务的企业中，同时进行外包和出口的企业与同时进行外包和FDI企业，不管是全要素生产率还是劳动生产率，都低于同时进行出口和FDI的企业与同时进行三种活动的企业。另外，有国际外包行为的企业资本密集度比从事其他国际化行为的企业低。以上研究是基于发包方的角度，参加服务外包的发展中国家企业是否也有这种现象？刘丹鹭等（2012）调查了苏州地区的制造业和服务业企业，发现参加外包与企业生产率可能存在着"倒U型"关系，即生产率落后的企业不参加外包，生产率居中的本土企业接受外包订单，而生产率最高的企业不外包。

国际服务外包对订单发出国的发达国家制造业生产率的作用已经被广泛地证实。至少有两种以上提高生产率的机制：第一，低效生产环节在海外的重新配置带来的效率提高；第二，投入品成本降低增加了利润，间接作用于生产率，使用尖端技术的投入品则直接提高了生产效率。这方面文献主要有阿米提和魏尚进（Amiti and Wei，2006）对美国制造业的实证；戈尔格和韩利（Görg and Hanley，2011）对爱尔兰的实证，在他们的研究中，国际外包和国内外包对生产率的影响均为正，但国际外包对生产率提高的效果比国内外包更大；雅布尔（Jabbour，2010）对法国制造业的实证中，发包给发展中国家的生产率提高显著，而发包给发达国家的生产率提高不显著，这说明国际外包提高生产率的效应主要在降低成本上。尽管大多数实证研究集中在制造业，可是也有服务业方面的文献论证了同样的效应存在，如萨科（Sako，2006）对英国商务服务业的研究。

作为承接外包的发展中国家，服务业承接国际外包影响生产率的机制与发包国通过发包提高发包国家生产率的机制不完全相同。从发展中国家的角度看，承接外包带来生产率的提升主要是产业分工的专业化效应，随着国际外包总量的增加，外资利用率提高，服务业产值和就业同步增加，在规模经济的作用下，服务业得以迅速发展。从这个角度出发研究服务外包积极影响的文献主要是发展中国家的学者。国内学者主要是刘绍坚（2008），他们以软件行业为例，分析了软件外包带来的技术外溢效应，并把这种外溢的途径分为几种：示范效应、产业关联效应、人员流动效应以及市场环境效应。

不难发现，国际外包和国际贸易、FDI 的外溢机制都是相似的，总的来说，就是通过服务业国际化带动服务业专业化、标准化、现代化，最后拉动服务业的生产率发展。

2.6
总结评论

综合以上四个角度的文献可以发现，现有的研究服务业生产率影响因素的文献有以下两个特点：

第一，以研究全行业和制造业居多，研究服务行业的非常稀少。研究服务行业的文献大致有两种类型，一是在制造业框架下研究，背后的理论直接挪用自制造业，未阐明服务业和制造业的区别；二是在具体行业背景下研究特定的服务行业，没有对服务业形成一个统一的框架。又因为比较具体，描述性研究较多，实证研究相对较少。

　　第二，在研究服务业的文献中，研究发达国家的占主要地位，对服务业发展较不成熟的发展中国家的研究较少。在研究发达国家的文献中，由于发达国家越来越关注宏观现象的微观基础，加上数据丰富、研究细化，实证研究已经深入到企业层面；而发展中国家数据相对匮乏，对于生产率的研究还停留在粗糙的行业层面。从这四个分析角度来看，除了管制对生产率的影响方面的文献侧重于宏观层面的分析外，其他几个角度的实证研究，近年来都关注微观企业的行为。

　　基于以上两点，我们认为，研究服务业生产率影响因素可以从以下两个方面入手：一是强调服务业的特质以及与制造业的差异；二是关注企业层面的分析，力图将研究细化，提高实证研究的精确度。

参考文献

　　1. 陈勇兵、仇荣、曹亮：《中间品进口会促进企业生产率增长吗——基于中国企业微观数据的分析》，载《财贸经济》2012 年第 3 期。

　　2. 程大中、陈福炯：《中国服务业相对密集度及对其劳动生产率的影响》，载《管理世界》2005 年第 2 期。

　　3. 戴觅、余淼杰、M. Maitra：《中国出口企业生产率之谜：纯出口企业的作用》，CCER 讨论稿，2011 年。

　　4. 胡霞：《集聚效应对中国城市服务业发展差异影响的实证研究》，载《财贸研究》2007 年第 1 期。

　　5. 刘丹鹭：《异质性企业的国际代工战略选择——基于苏州地区企业的实证分析》，载《国际商务：对外经济贸易大学学报》2012 年第 6 期。

　　6. 刘绍坚：《软件外包：技术外溢与能力提升》，人民出版社 2008 年版。

　　7. 亓朋、许和连、艾洪山：《外商直接投资企业对内资企业的溢出效应：对中国制造业企业的实证研究》，载《管理世界》2009 年第 4 期。

　　8. 童馨乐、杨向阳、陈媛：《中国服务业集聚的经济效应分析：基于劳动生产率视角》，载《产业经济研究》2009 年第 6 期。

　　9. 许和连、魏颖绮、赖明勇、王晨刚：《外商直接投资的后向链接溢出效应研究》，载《管理世界》2007 年第 4 期。

　　10. 许宪春：《中国服务业核算及其存在的问题研究》，载《统计研究》2004 年第 7 期。

　　11. 易靖韬、傅佳莎：《企业生产率与出口：浙江省企业层面的证据》，载

《世界经济》2011 年第 5 期。

12. 余淼杰：《中国的贸易自由化与制造业企业生产率：来自企业层面的实证分析》，载《经济研究》2010 年第 12 期。

13. 原毅军、宋洋：《服务业产业集聚与劳动生产率增长——基于中国省级面板数据的实证研究》，载《产业经济评论》2011 年第 10 卷第 2 辑。

14. 岳希明、张曙光：《我国服务业增加值的核算问题》，载《经济研究》2002 年第 12 期。

15. 张杰、李勇、刘志彪：《出口促进中国企业生产率提高吗？——来自中国本土制造业企业的经验证据：1999 ~ 2003》，载《管理世界》2009 年第 12 期。

16. Abraham, F., J. Konings, et al. (2010). "FDI spillovers in the Chinese manufacturing sector." Economics of Transition 18 (1): pp. 143 – 182.

17. Acharya, R. C. and W. Keller (2008). Estimating the Productivity Selection and Technology Spillover Effects of Imports.

18. Aghion, P., R. Blundell, et al. (2004). "Entry and Productivity Growth: Evidence from Microlevel Panel." Jounal of the European Economic Association 2 (May 2004): pp. 265 – 276.

19. Aghion, P., R. Burgess, et al. (2005). "Entry Liberalization and Inequality in Industrial Performance." Journal of the European Economic Association 3 (2 – 3): pp. 291 – 302.

20. Aitken, B. J. and A. E. Harrison (1999). "Do Domestic Firms Benefit from Direct Foreign Investment? Evidence from Venezuela." The American Economic Review 89 (3): pp. 605 – 618.

21. Altomonte, C. and G. Békés (2009). "Trade complexity and productivity." IEHAS Discussion Papers 914.

22. Amiti, M. and S. -J. Wei (2006). Service Offshoring and Productivity: Evidence from the United States, National Bureau of Economic Research, Inc.

23. Andersson, M. and H. Lööf (2011). "Agglomeration and productivity: evidence from firm-level data." The Annals of Regional Science 46 (3): pp. 601 – 620.

24. Andersson, M., H. Lööf, et al. (2008). "Productivity and international trade: Firm level evidence from a small open economy." Review of World Economics 144 (4): pp. 774 – 801.

25. Anita, W. (2003). Productivity Growth in Service Industries: An Assess-

ment of Recent Patterns and the Role of Measurement, OECD Publishing.

26. Barseghyan, L. (2008). "Entry costs and cross-country differences in productivity and output." Journal of Economic Growth 13 (2): pp. 145 – 167.

27. Belderbos, R., V. Van Roy, et al. (2008). "International and domestic technology transfers and productivity growth: Empirical evidence for flanders."

28. Bernard, A. B., J. B. Jensen, et al. (2007). "Firms in International Trade." Journal of Economic Perspectives 21 (3): pp. 105 – 130.

29. Blalock, G. and P. J. Gertler (2005). "Foreign direct investment and externalities: The case for public intervention." Does foreign direct investment promote development: pp. 73 – 106.

30. Blalock, G. and P. J. Gertler (2008). "Welfare gains from Foreign Direct Investment through technology transfer to local suppliers." Journal of International Economics 74 (2): pp. 402 – 421.

31. Breinlich, H. and C. Criscuolo (2011). "International trade in services: A portrait of importers and exporters." Journal of International Economics 84 (2): pp. 188 – 206.

32. Cainelli, G., R. Evangelista, et al. (2006). "Innovation and economic performance in services: a firm-level analysis." Cambridge Journal of Economics 30 (3): pp. 435 – 458.

33. Canina, L., C. A. Enz, et al. (2005). "Agglomeration Effects and Strategic Orientations: Evidence from the U. S. Lodging Industry." The Academy of Management Journal 48 (4): pp. 565 – 581.

34. Castellani, D., F. Serti, et al. (2010). "Firms in International Trade: Importers' and Exporters' Heterogeneity in Italian Manufacturing Industry." World Economy 33 (3): pp. 424 – 457.

35. Ciccone, A. and R. E. Hall (1996). "Productivity and the Density of Economic Activity." The American Economic Review 86 (1): pp. 54 – 70.

36. Conway, P., D. De Rosa, et al. (2006). Regulation, Competition and Productivity Convergence.

37. Conway, P. and G. Nicoletti (2006). Product Market Regulation in the Non-Manufacturing Sectors of OECD Countries: Measurement and Highlights.

38. Coombs, R. W. and I. Miles (2000). Innovation Systems in the Services Economy: Measurement and Case Study Analysis. Boston, Kluwer Academic Publishers.

39. De Backer, K. and L. Sleuwaegen (2003). "Does Foreign Direct Investment Crowd Out Domestic Entrepreneurship?" Review of Industrial Organization 22 (1): pp. 67 – 84.

40. Dekle, R. (2002). "Industrial Concentration and Regional Growth: Evidence from the Prefectures." The Review of Economics and Statistics 84 (2): pp. 310 – 315.

41. Djellal, F. and F. Gallouj (2000). Innovation surveys for service industries: a review. Conference on Innovation and Enterprise Creation: Statistics and Indicators, Sophia Antipolis, France, November.

42. Drejer, I. (2004). "Identifying innovation in surveys of services: a Schumpeterian perspective." Research Policy 33 (3): pp. 551 – 562.

43. Duranton, G. and D. Puga (2004). Chapter 48 Micro-foundations of urban agglomeration economies. J. V. Henderson and J. -F. Thisse, Elsevier. 4: pp. 2063 – 2117.

44. Gallouj, F. and M. Savona (2009). "Innovation in services: a review of the debate and a research agenda." Journal of Evolutionary Economics 19 (2): pp. 149 – 172.

45. Ganotakis, P. and J. H. Love (2011). "R&D, product innovation, and exporting: evidence from UK new technology based firms." Oxford Economic Papers 63 (2): pp. 279 – 306.

46. Girma, S. and H. Görg (2007). "Multinationals' Productivity Advantage: Scale Or Technology?" Economic Inquiry 45 (2): pp. 350 – 362.

47. Glaeser, E. L., H. D. Kallal, et al. (1992). "Growth in Cities." Journal of Political Economy 100 (6): pp. 1126 – 1152.

48. Godart, O., H. Görg, et al. (2011). Surviving the Crisis: Foreign Multinationals vs Domestic Firms in Ireland, Institute for the Study of Labor (IZA).

49. Görg, H. and D. Greenaway (2001). "Foreign direct investment and intra-industry spillovers : a review of the literature." Research paper/Leverhulme Centre for Research on Globalisation and Economic Policy, No. 2001, 37.

50. Gorodnichenko, Y., J. Svejnar, et al. (2007). When Does FDI Have Positive Spillovers? Evidence from 17 Emerging Market Economies, Institute for the Study of Labor (IZA).

51. Griliches, Z. (1992). Output Measurement in the Service Sectors, University of Chicago Press.

52. Halpern, L. s., M. s. Koren, et al. (2005). Imports and Productivity, C. E. P. R. Discussion Papers.

53. Haskel, J. E., S. C. Pereira, et al. (2002). Does inward foreign direct investment boost the productivity of domestic firms?, NBER Working Paper No. 8724.

54. Helpman, E., M. J. Melitz, et al. (2004). "Export versus FDI with Heterogeneous Firms." The American Economic Review 94 (1): 300 – 316 CR-Copyright &JHJ169; 2004 American Econo.

55. Henderson, J. V. (1986). "Efficiency of resource usage and city size." Journal of Urban Economics 19 (1): pp. 47 – 70.

56. Henderson, J. V. (2003). "Marshall's scale economies." Journal of Urban Economics 53 (1): pp. 1 – 28.

57. Jabbour, L. (2010). "Offshoring and Firm Performance: Evidence from French Manufacturing Industry." World Economy 33 (3): pp. 507 – 524.

58. Javorcik, B. S. (2004). "Does Foreign Direct Investment Increase the Productivity of Domestic Firms? In Search of Spillovers through Backward Linkages." The American Economic Review 94 (3): pp. 605 – 627.

59. Kanerva, M., H. Hollanders, et al. (2006). "Can We Measure and Compare Innovation in Services?" 2006 European Trend Chart on Innovation.

60. Kasahara, H. and J. Rodrigue (2008). "Does the use of imported intermediates increase productivity? Plant-level evidence." Journal of Development Economics 87 (1): pp. 106 – 118.

61. Keeble, D. and L. Nachum (2002). "Why do business service firms cluster? Small consultancies, clustering and decentralization in London and southern England." Transactions of the Institute of British Geographers 27 (1): pp. 67 – 90.

62. Kelle, M. and J. Kleinert (2010). German firms in service trade, Christian-Albrechts-University of Kiel, Department of Economics.

63. Keller, W. and S. R. Yeaple (2009). "Multinational Enterprises, International Trade, and Productivity Growth: Firm-Level Evidence from the United States." Review of Economics and Statistics 91 (4): pp. 821 – 831.

64. Kendrick, J. (1985). Measurement of Output and Productivity in the Service Sector. New Yorker, Cambridge University Press.

65. Konings, J., M. Rizov, et al. (2003). "Investment and financial constraints in transition economies: micro evidence from Poland, the Czech Republic,

Bulgaria and Romania. " Economics Letters 78 (2): pp. 253 – 258.

66. Kosová, R. (2010). "Do Foreign Firms Crowd Out Domestic Firms? Evidence from the Czech Republic. " Review of Economics and Statistics 92 (4): pp. 861 – 881.

67. Kox, H. and H. Rojas-Romagosa (2010). "Exports and Productivity Selection Effects for Dutch Firms. " De Economist 158 (3): pp. 295 – 322.

68. Kremp, E. and J. Mairesse (2004). Knowledge management, innovation, and productivity: a firm level exploration based on French manufacturing CIS3 data, National Bureau of Economic Research.

69. Krugman, P. (1991). "Increasing Returns and Economic Geography. " Journal of Political Economy 99 (3): pp. 483 – 499.

70. Kugler, M. (2000). The diffusion of externalities from foreign direct investment: theory ahead of measurement, University of Southampton, Economics Division, School of Social Sciences.

71. Kukalis, S. (2009). "Agglomeration Economies and Firm Performance: The Case of Industry Clusters. " Journal of Management 36 (2): pp. 453 – 481.

72. Lafrance, A. and W. Gu (2008). Productivity Growth in Canadian and U. S. Regulated Industries.

73. Lawrence, R. Z. and D. E. Weinstein (1999). "Trade and growth: import-led or export-led? Evidence from Japan and Korea. " National Bureau of Economic Research Working Paper Series No. 7264.

74. Leiponen, A. (2005). "Organization of Knowledge and Innovation: The Case of Finnish Business Services. " Industry and Innovation 12 (2): pp. 185 – 203.

75. Lin, L. (2012). "The impact of service innovation on firm performance: evidence from the Chinese tourism sector . " The Service Industries Journal: pp. 1 – 34.

76. Loayza, N. V. , A. M. Oviedo, et al. (2005). Regulation and macroeconomic performance.

77. Lööf, H. and A. Heshmati (2006). "On the relationship between innovation and performance: A sensitivity analysis. " Economics of Innovation and New Technology 15 (4 – 5): pp. 317 – 344.

78. Love, J. H. , S. Roper, et al. (2010). "Service Innovation, Embeddedness and Business Performance: Evidence from Northern Ireland. " Regional Studies 44 (8): pp. 983 – 1004.

79. Mairesse, J. and S. Robin (2008). "Innovation and productivity: a firm-level analysis for French Manufacturing and Services using CIS3 and CIS4 data (1998 – 2000 and 2002 – 2004)." working paper.

80. Mansury, M. A. and J. H. Love (2008). "Innovation, productivity and growth in US business services: A firm-level analysis." Technovation 28 (1 – 2): pp. 52 – 62.

81. Masso, J. and P. Vahter (2011). Exporting And Productivity: The Effects Of Multi-Market And Multi-Product Export Entry, Faculty of Economics and Business Administration, University of Tartu (Estonia).

82. Melitz, M. J. (2003). "The Impact of Trade on Intra-Industry Reallocations and Aggregate Industry Productivity." Econometrica 71 (6): pp. 1695 – 1725.

83. Musolesi, A. and J. -P. Huiban (2010). "Innovation and productivity in knowledge intensive business services." Journal of Productivity Analysis 34 (1): pp. 63 – 81.

84. Muûls, M. and M. Pisu (2009). "Imports and Exports at the Level of the Firm: Evidence from Belgium." World Economy 32 (5): pp. 692 – 734.

85. Nicoletti, G. and S. Scarpetta (2003). "Regulation, productivity and growth: OECD evidence." Economic Policy 18 (36): pp. 9 – 72.

86. Ospina, S. and M. Schiffbauer (2010). Competition and Firm Productivity: Evidence from Firm-Level Data.

87. Poschke, M. (2010). "The Regulation of Entry and Aggregate Productivity *." The Economic Journal 120 (549): pp. 1175 – 1200.

88. Sako, M. (2006). "Outsourcing and Offshoring: Implications for Productivity of Business Services." Oxford Review of Economic Policy 22 (4): pp. 499 – 512.

89. Segarra-Blasco, A. (2010). "Innovation and productivity in manufacturing and service firms in Catalonia: a regional approach." Economics of Innovation and New Technology 19 (3): pp. 233 – 258.

90. Stancik, J. (2007). "Horizontal and vertical FDI spillovers: Recent evidence from the Czech Republic." CERGE-EI Working Paper (340).

91. Sundbo, J. and F. Gallouj (2000). "Innovation as a loosely coupled system in services." International Journal of Services Technology and Management 1 (1): pp. 15 – 36.

92. Temouri, Y. , A. Vogel, et al. (2010). Self-selection into export markets by business services firms: Evidence from France, Germany and the United Kingdom.

93. Tether, B. S. (2005). "Do Services Innovate (Differently)? Insights from the European Innobarometer Survey." Industry and Innovation 12 (2): pp. 153 – 184.

94. Tomiura, E. (2007). "Foreign outsourcing, exporting, and FDI: A productivity comparison at the firm level." Journal of International Economics 72 (1): pp. 113 – 127.

95. Triplett, J. E. and B. P. Bosworth (2003). "Productivity measurement issues in services industries: " Baumol's disease " has been cured." Economic Policy Review (Sep): pp. 23 – 33.

96. Vogel, A. and J. Wagner (2010). "Higher productivity in importing German manufacturing firms: self-selection, learning from importing, or both?" Review of World Economics (Weltwirtschaftliches Archiv) 145 (4): pp. 641 – 665.

97. Wagner, J. (2007). "Exports and Productivity: A Survey of the Evidence from Firm-level Data." World Economy 30 (1): pp. 60 – 82.

98. Wölfl, A. (2003). "Productivity Growth in Service Industries: An Assessment of Recent Patterns and the Role of Measurement." OECD Science, Technology and Industry Working Papers.

第 3 章
服务业技术效率的系统性特征分析

在分析生产率之前，首先要了解我国服务业生产率的特征和现状。区域间生产率是否不平等？生产率是否逐年增加？不同行业生产率的异质性如何？国有服务业企业效率更高还是私营服务业企业效率更高？本章借助随机前沿分析法，将服务业生产率的测算细分到各行业，并将微观数据结合宏观数据，系统地分析了 2004～2009 年中国服务业技术效率在宏观和微观上分地区、分时间、分行业、分所有制等的特征。

3.1
生产率的概念

服务业生产率，实质是服务业的生产效率。一般意义上的效率，指的是经济活动中产出和投入的比例。投入指的是用于生产的资源，如劳动力、物质和能源等，而产出指的是服务或特定的产品。仅考虑单个要素投入的生产率指标被称为偏要素生产率，比如用产出除以劳动投入的劳动生产率（Labor productivity），它反映了将劳动转化为产出的能力。考虑多种要素投入的指标被称为全要素生产率（Total factor productivity），这种指标因为考虑了劳动、资本以及其他要素的投入，运用更为广泛。与制造业相比，劳动密集型的服务业主要投入是劳动，因此在现实中，人们常用劳动生产率粗略地表示服务业的生产率。但服务业中也有不少资本密集型的部门（如交通业、电信业、房地产业），仅考虑劳动单个投入要素不适用于更深入精确的分析。所以本章主要讨论的是服务业的全要素生产率（以下简称 TFP）。

当生产过程是多投入、单产出的时候，全要素生产率可以定义为：

$$\text{TFP} = \sum \omega_i (Y/X_i) \qquad (3.1)$$

其中，X 表示投入，Y 表示产出，而 ω_i 代表要素的权重。因为生产率本质是一种效率，测算 TFP 其实就是在测算效率。效率的测度方法一般可以分为非参数方法和参数方法。非参数方法是一种测度生产率的新方法，它基于线性规划等理论，不用满足生产函数的假定和其他假设。如数据包络（Data Envelopment Analysis，DEA）分析法和基于 DEA 的 Malmquist 指数，无须预先估计参数，在简化算法上具有较大的优越性。参数方法指的是基于 C–D 生产函数，在满足一定假定的条件下，通过数据拟合求得模型参数的方法，如 Solow 残差法（Solow residual）和随机前沿分析法（Stochastic frontier analysis，SFA）等。

3.2
测量生产率的非参数法

3.2.1　DEA 法

DEA 法是根据线性规划的对偶理论来估计多投入多产出的生产效率的方法。当生产过程是多投入多产出时，根据生产率的定义和（3.1）式，TFP 可以表示为 $\sum \lambda_j Y_j / \sum \omega_i X_i$，这刚好是 DEA 基本模型中决策单元（Decision making unit，DMU）的效率评价指数，因此我们可以使用 DEA 法来计算 TFP。DEA 方法的基本步骤是：（1）确定每个决策单元；（2）选择投入—产出指标；（3）选择评估模型；（4）对每个决策单元进行求解。其中，许多文献使用 CCR 模型（Charnes，Cooper and Rhodes，1978）作为评估模型。

CCR 模型假定规模报酬不变。假定有 n 个 DMU（$i = 1, 2, \cdots, n$），每个 DMU 都有 m 种投入（$j = 1, 2, \cdots, m$）和 s 种产出（$k = 1, 2, \cdots, s$）。每个 DMU 都有相应的效率评价指数 $h_p = \sum_{k=1}^{s} v_k Y_{kp} / \sum_{j=1}^{m} u_j X_{jp}$。在各 DMU 的效率评价指数不超过 1 的条件下，选择产出权重 v 和投入权重 u，使 h_p 最大，也就是求解：

$$\max h_p$$

$$s.t. \ \sum_{k=1}^{s} v_k Y_{ki} / \sum_{j=1}^{m} u_j X_{ji} \leqslant 1, \forall i; v_k, u_j \geqslant 0, \forall k, j \tag{3.2}$$

其中，y_{ki} 代表第 i 个 DMU 的第 k 项产出数量，x_{ji} 代表第 j 个 DMU 的第 j 项

投入数量。可以将这个分数线性规划转化为一个等价的问题：

$$\max \sum_{k=1}^{s} v_k Y_{kp}$$

$$s.t. \sum_{j=1}^{m} u_j X_{jp} = 1; \sum_{k=1}^{s} v_k Y_{ki} - \sum_{j=1}^{m} u_j X_{ji} \leq 0, \forall i; v_k, u_j \geq 0, \forall k, j \quad (3.3)$$

上式的对偶问题（Dual problem）为：

$$\min \theta$$

$$s.t. \sum_{i=1}^{n} \lambda_i X_{ji} - \theta X_{jp} \leq 0, \forall j; \sum_{i=1}^{n} \lambda_i Y_{ki} - Y_{kp} \geq 0, \forall k; \lambda_i \geq 0, \forall i \quad (3.4)$$

其中，θ 为大于 0 小于等于 1 的效率评价指数，λ_i 是对应的权重。如果 $\theta = 1$，则 DMU 是有效率的；$\theta < 1$，则 DMU 是无效率的。

另外一种 BCC 模型是班克（Banker，1984）等人针对 CCR 模型中规模报酬不变的假定提出的修正。规模报酬不变意味着可以通过增加投入同比地获得相对的产出，这在实际中是不常见的。于是通过给 CCR 模型增加了一个凸性约束：$\sum_{i=1}^{n} \lambda_i = 1$，得到了 BCC 模型。使用 BCC 模型得到的效率指数要大于或等于 CCR 模型得到的指数。对于同一个 DMU，如果采用 BCC 和 CCR 模型得到的值不同，就说明该单元存在规模报酬可变的情况。因此 DEA 法还运用于对决策单元进行规模收益分析。

对服务业生产率测量，DEA 法有如下优点：第一，处理多投入多产出的方法特别适用于服务业。第二，不需要考虑度量单位。服务业的投入较多元化，如价格、劳动人数等，它们的单位各不相同，而 DEA 法无须统一这些指标。第三，可以在产出价格缺失的情况下进行效率分析。第四，基于同类型的单元的相对比较，结果较为公平。

3.2.2 基于 DEA 的 Malmquist 指数法

静态的 DEA 法不能反映生产技术的动态变化，为此引入有时间变化的效率指数来分析生产率的变化。Malmquist 指数就是通过计算一个时间点上的效率相对于一个普通技术的距离的比率，来计算两个点之间 TFP 的变化。假设距离函数 $D^t(X_t, Y_t)$ 表示配置 (X_t, Y_t) 到 t 时刻技术状态的生产前沿面的距离，那么以 $t+1$ 时刻的技术为基准，从 t 时刻到 $t+1$ 时刻 TFP 变化的指数可以写成：$D^{t+1}(X^{t+1}, Y^{t+1})/D^{t+1}(X^t, Y^t)$；以 t 时刻的技术为基准，t 到 $t+1$ 时刻 TFP 变化可以写成：$D^t(X^{t+1}, Y^{t+1})/D^t(X^t, Y^t)$。Malmquist 指数被定义为这两个指数的几何平均数：

$$M_{t,t+1} = \left[\frac{D^t(X^{t+1}, Y^{t+1})}{D^t(X^t, Y^t)} \times \frac{D^{t+1}(X^{t+1}, Y^{t+1})}{D^{t+1}(X^t, Y^t)} \right]^{1/2}$$

该式可写成：

$$M_{t,t+1} = \underbrace{\left[\frac{D^t(X^{t+1}, Y^{t+1})}{D^{t+1}(X^{t+1}, Y^{t+1})} \times \frac{D^t(X^t, Y^t)}{D^{t+1}(X^t, Y^t)} \right]^{1/2}}_{A} \times \underbrace{\frac{D^{t+1}(X^{t+1}, Y^{t+1})}{D^t(X^t, Y^t)}}_{B} \quad (3.5)$$

其中，A 部分是两个时期间技术进步的几何平均数，代表技术的变化和创新；而 B 部分测度的是综合效率的变化，代表组织综合水平的改善。因此 Malmquist 指数法可以用来衡量生产率发展的决定因素，到底是技术进步占主要因素，还是组织管理水平占主要因素。

基于 DEA 的 Malmquist 指数，实际就是用 DEA 模型求出的效率指数代替距离指数 $D^t(X_t, Y_t)$，即基于（3.4）式的 CCR 模型：

$$D^t(X^t, Y^t) = \min \theta$$

$$s.t. \ \sum_{i=1}^{n} \lambda_i X_{ji} - \theta X_{jp} \leq 0, \forall j; \sum_{i=1}^{n} \lambda_i Y_{ki} - Y_{kp} \geq 0, \forall k; \lambda_i \geq 0, \forall i \quad (3.6)$$

与第二部分 DEA 法一样，式（3.6）求解的背景是规模报酬不变。如果进一步加入凸性假设 $\sum_{i=1}^{n} \lambda_i = 1$，则可以在 BCC 模型下求出规模报酬可变的距离函数。若 Malmquist 指数等于 1，说明生产率停滞；大于 1，说明生产率进步；小于 1，说明生产率倒退。

3.3
测量生产率的参数法

3.3.1　Solow 残差法

索洛（Solow, 1957）在规模收益不变和技术进步为希克斯中性（Hicks neutral）的条件下，设定了 C－D 生产函数：

$$Y_t = A_t K_t^{1-\alpha} L_t^{\alpha} \quad (3.7)$$

其中，Y 是产出，A 代表技术，K 代表物质资本，L 代表劳动资本，$0 < \alpha <$

1。对式（3.7）取对数得：

$$\ln Y_t = \alpha \ln L_t + (1 - \alpha) \ln K_t + \ln A_t \tag{3.8}$$

对 t 求导，注意 $d\ln Y/dt = \dot{Y}/Y$，可得式（3.9）：

$$\dot{Y}/Y = \alpha(\dot{L}/L) + (1 - \alpha)(\dot{K}/K) + \dot{A}/A \tag{3.9}$$

$\dot{A}/A$ 等于产出变化率减资本的变化率和劳动的变化率之差，代表技术的变化率。在利用式（3.8）做回归分析时，解释变量为 $\ln K$ 和 $\ln L$，而残差这一项不仅包括技术进步，还包括产出增长中除去资本和劳动增长外各种被忽略变量的增长及误差。因此，将 Solow 残差称为全要素生产率比技术进步更加贴切。也是出于这个原因，约根森和格里利谢斯（Jorgenson and Grilliches，1967）认为全要素生产率包括的计算误差导致全要素生产率被高估。在这个质疑基础上发展起来的随机前沿生产函数法，因为消除了随机因素的影响，相比单纯的 Solow 残差有一定的优越性。

注意将式（3.1）取对数后变形，可以写成类似式（3.8）的形式。也就是说，Solow 残差法中资本和产出的弹性就是式（3.1）中的权重。资本和产出弹性的选取也可能导致估计中存在一定的问题。除此以外，Solow 残差法中技术进步中性和规模报酬不变的假定也使这种方法测算 TFP 存在诸多不足。

3.3.2 SFA 法

法雷尔（Farrell，1957）提出，技术效率指的是在给定投入的条件下，获取最优产出的能力。法雷尔用生产前沿面表示对于不同水平的投入获得的最优产出水平，以此反映当前产业的技术现状。在给定投入条件下，达到最优产出的生产者在生产前沿面上，被称为技术有效（Technical efficiency）；达不到最优产出的生产者在生产前沿面下方，被称为技术无效（Technical inefficiency）。技术效率就是指实际产出和最优产出的距离（见图 3-1）。

造成实际生产效率达不到最优产出的原因，可能是生产者的技术无效，或一些无法控制的统计噪音如天气等随机因素。随机前沿分析法（Stochastic Frontier Analysis）就是基于这个思路发展而来的一种用参数方法估计生产前沿面的方法。引入一个随机变量代表统计噪音，得出的前沿面就是随机生产前沿面。具体步骤是，先设定生产函数，然后考虑生产函数中误差项的结构，根据误差项结构采用不同方法估计参数，最后估算其效率。为简便起见，假设要素

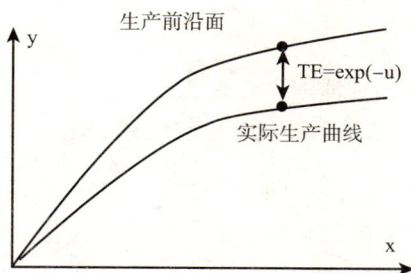

图 3-1　技术效率和生产前沿面

投入仅有 X，产出仅有 Y，标准的随机前沿生产函数可写成：

$$Y_{it} = f(X;\beta) \exp(v_{it} - u_{it}) \tag{3.10}$$

即：

$$\ln y_{it} = \ln f(X;\beta) + v_{it} - u_{it} \tag{3.11}$$

其中，v 代表统计噪音。v 独立同分布（independently and identically distributed，iid），均值为 0，方差为 σ_v^2。u 代表生产过程中技术无效率的影响。u 也是一个独立同分布的随机变量，独立于 v，非负，方差为 σ_u^2。技术效率（Technical efficiency，TE）可以通过计算产出和对应的随机前沿面产出的比值求出：

$$TE_{it} = \frac{Y_{it}}{f(X;\beta) \exp(v_{it})} = \exp(-u_{it}) \tag{3.12}$$

TE 可以通过估计 u 的条件期望计算得到。例如，u 可以服从半正态分布（half-normal distribution），也可以服从指数分布，Gamma 分布，等等。TE 值介于 0 到 1 之间。值越大，说明技术效率越高。等于 1 表示企业是完全有效率的。通过求单个企业的 TE，可以预测出整个产业的效率，产业效率的预测是产业中所有公司的效率的平均值。

式（3.11）、式（3.12）联立，并对时间 t 求导整理可得：

$$\dot{Y}/Y = \dot{f}/f + f_x \dot{X}/f + \dot{TE}/TE$$

其中，点号表示对时间的导数。根据 Solow 残差中的定义，全要素生产率的增长等于产出增长减去要素投入增长，可得：

$$\dot{TFP}/TFP = \dot{Y}/Y - f_x \dot{X}/f = \dot{f}/f + \dot{TE}/TE \tag{3.13}$$

也就是说，通过 SFA 法以及式（3.13），我们可以把全要素生产率的增长分解为两个部分：技术进步（$\dot{f}/f$）和技术效率的变化（$\dot{TE}/TE$）。

3.4

现有的研究进展

目前中国服务业生产率测算的文献（见表 3 – 1）使用的方法基本上以上述四种为主。主要集中在宏观层面，缺乏对企业层面的生产率分析；生产率的测算是对服务业整体的测算，较少细分到各部门。以上研究存在可以改进之处：第一，根据服务业内部的异质性，讨论服务业细分行业的生产率，可以体现服务业不同行业在不同地区的发展特点；第二，宏观上服务业增加值由于核算范围不全，服务计价过低等原因，存在被低估的缺陷（岳希明、张曙光，2002），微观层面的数据不能全面反映地区整体的发展趋势，如果能够把两者结合起来分析，就可以在一定程度上弥补各自不足，从而准确地描述出我国服务业发展的现状。

表 3 – 1 关于测试服务业生产率的文献及方法

方　法	文　献
Solow 残差法	程大中（2003）；杨勇（2008）
SFA 法	杨青青等（2009）；谷彬（2009）；顾乃华等（2006）
DEA 法	顾乃华（2008）；史修松等（2008）
基于 DEA 的 Malmquist 指数	杨向阳等（2006）；刘兴凯（2009）；刘兴凯等（2010）；王恕立等（2012）

本章主要做了以下工作：第一，在细分行业层面，对服务业生产率测算做了补充性的研究；第二，在企业层面，采用上市公司数据，对服务业生产率测算做了补充性的研究；第三，现有文献不少是采用经济普查前的数据，其增加值可能被低估，本章采用经济普查后的数据，提高了计算结果的可信度。本章以下部分主要描述中国服务业分区域、分行业、分时间、分所有制等情况下的系统性特征，并把行业数据和上市公司数据做了比较分析，为后续研究提供参考。

本章节使用 SFA 法来测算我国服务业的生产率。超越对数生产函数（translog production function）是估算生产率时经常使用的函数形式，但其参数过多，计算较为繁琐；Cob-Douglas 生产函数假定又过于苛刻，影响分析结果的准确性。因此将式（3.10）的生产函数设定为 CES（constant elasticity of substitution）生产函数，C – D 生产函数即是它的特例。

$$Y = A\left[\alpha L^{-\rho} + (1-\alpha)K^{-\rho}\right]^{-\beta/\rho}, 0 \leq \rho \leq 1, \beta > 0 \tag{3.14}$$

该式取对数并在 $\rho = 0$ 处按照泰勒二阶展开，最终得出随机前沿生产函数如下：

$$\ln Y_{it} = \ln A_{it} + \alpha\beta\ln L_{it} + (1-\alpha)\beta\ln K_{it} + \frac{1}{2}\alpha\beta\rho(\ln K_{it} - \ln L_{it})^2 + v_{it} - u_{it}$$

$$\tag{3.15}$$

估计服务业的生产率，即是在式（3.3）的基础上，估计技术效率值 TE（Technical efficiency，TE）。它可以通过计算产出和对应的随机前沿面产出的比值求出：

$$TE_{it} = Y_{it}/f(X;\beta)\exp(v_{it}) = \exp(-u_{it}) \tag{3.16}$$

求解 TE 就是估算 u 的条件期望值。例如，u 可以服从半正态分布，也可以服从指数分布，Gamma 分布，等等。TE 值介于 0 到 1 之间。值越大，技术效率越高。TE 等于 1 表示生产单元是完全有效率的。

3.5
行业层面描述

3.5.1 数据处理

2004 年，统计部门根据第一次全国经济普查结果对服务业数据进行了修订，为了保持统计口径的一致和数据的可信度，本章采用 2004 年后的数据计算，采用的时间范围为 2004～2009 年，共 6 年。每个省或直辖市是一个决策单元。

1. 产出 Y

各省 2004～2009 年交通仓储运输和邮政业、金融业和房地产业增加值及增加值指数来自 2006～2010 年的《第三产业统计年鉴》。其他年份和行业的数据分别来自《中国国内生产总值核算历史资料 1952～2004》和各省年鉴。以 2004 年为基期，根据第三产业增加值指数将增加值换算成不变价。

2. 劳动投入 L = 劳动人数 × 劳动时间

以往的研究多直接采用从业人数做劳动投入指标。这实际假定各行业各年度劳动投入是同质的。服务业中既存在劳动力教育程度较低的餐饮业，也存在受教育程度较高的科学研究、教育业，并且随着时间的增长和人口素质的变化，劳动力投入必然发生改变。因此在估算劳动投入时，本书增加了时间上的维度。劳动人数来自统计年鉴中 2004～2009 年的指标"各地区按行业分城镇单位就业人员数（年底数）"。劳动时间来自国研网数据库中 2004～2009 年"11 月城镇就业人员调查周平均工作时间"的分行业指标。

3. 资本存量 K

资本存量 K 是计算服务业全要素生产率的重点和难点。一般用永续盘存法估算，永续盘存法实质是对历年投资形成的固定资产进行重估价后，根据所选折旧方式（如直线折旧法或双倍余额递减法）确定某个资本消耗，按照逐年推算的方法计算在编表时点上的资本存量总额、固定资本消耗和资本存量净额。与其他估计方法相比，永续盘存法的特点在于既考虑了资本品随役龄的增加而产生的效率递减对资本存量的影响，又考虑了不同品种资本品在效率衰减速度上的差异。永续盘存法的基本公式是：$K_t = K_{t-1} + I_t - D_t$。即估算当年资本存量需要四个指标：基年资本存量 K_{2004}；当年投资 I；资产折旧 D；缩减指数 P。

张军等（2004）、徐现祥等（2007）认为固定资本形成总额是衡量当年投资的合理指标，然而在 2003～2009 年分地区分行业的数据中没有这一指标，因此我们用当年固定资产投资代替，缩减指数直接采用固定资产价格指数。分地区分行业的当年固定资产投资可以从 2006～2010 年的《第三产业统计年鉴》中找到，各地区固定资产投资价格指数可以在各年《中国统计年鉴》中找到。[①]

下面确定基年资本存量和固定资产折旧。

（1）基年资本存量 K_{2004}。

仿照 Hall 和 Jones（1999）的做法，基年资本存量设定为：$K_{is}^{2004} = I_{is}^{2004} / (g_{is} + \delta)$。其中，$i$ 代表地区，s 代表行业。g_{is} 是 i 地区 s 行业 2004～2009 年增加值的几何平均增长率，δ 为折旧率。这种设定考虑了在不同地区不同行业的发展情况。根据以往的研究（徐现祥，2007），$\delta = 3\%$。

（2）固定资产折旧 D。

以往的文献对折旧主要的处理方法是假定一个折旧率。这就造成不同文献

---

① 西藏缺失所有年份数据。观察发现各地区的价格波动和全国的波动基本一致，因此西藏的价格指数改用全国水平代替。

对折旧率的选取缺乏一致性。在用收入法核算生产总值时，各省统计年鉴提供了分产业的折旧数据：增加值＝劳动者报酬＋固定资产折旧＋生产税净额＋营业盈余

考虑到服务业不同行业折旧率差异很大，仿照徐现祥（2007）计算资本存量的方法，直接将各省按照收入法核算时提供的固定资产折旧数据当作 D，这样就避免了主观上选择折旧率的随意性。[①]

3.5.2　描述性统计

表 3 - 2 描述了服务业 14 个部门的资本密集程度（即人均资本存量，通过资本存量除以从业人员数获得）。从人均资本存量的大小来看，资本密集度高的部门有 3 个，分别是交通运输、仓储和邮政业、信息传输、计算机服务和软件业以及房地产业。它们都属于现代服务业。人均资本居中的主要是水利、公共设施和居民服务业这类对固定资产要求较高的行业。资本密集度较低的行业是批发零售业、住宿餐饮业、金融业、科教文卫行业和公共管理业。其中金融业的资本密集度较低，与通常印象不符。资本密集度为负的行业是商务服务业和文体娱乐业，因为其资本存量为负[②]。从时间来看，除了金融行业资本密集度逐年递减（由 6.9 到 1.18）以外，其他行业的资本密集度大致在某个范围内上下波动。

表 3 - 3 描述了各行业的偏要素生产率即劳动生产率的情况。表 3 - 2 中所有行业的劳动生产率都在上下波动。劳动生产率最高的行业依次是居民服务业（84.24）、房地产业（53.01），较高的行业是信息业（32.35）、住宿和餐饮业（29.04）、租赁和商务服务业（21.01）。与表 3 - 2 的结果相似，金融业的劳动生产率（15.81）居中，不是很高。

---

① 并非所有省份都提供固定资产折旧数据，在缺失情况下，将折旧率设定为 g_{is} + 0.03，即和计算 K_{2004} 时的分母一致。为了检验该方法的准确性，分别计算了按照此方法计算的 K 序列，以及将折旧率设为一个数值如 3%、6% 等的 K 序列。比起设定一个折旧率，按照 g_{is} + 0.03 计算的 K 序列，更加接近直接用固定资产折旧得出的 K 序列。

② 估计出的各地区各产业分年份的资本存量，有一些是负值。这是因为：1）某些地区和产业的物质资本积累小于折旧，即净投资为负，于是 K 也为负。2）某些地区和产业 2009 年的增加值小于 2004 年增加值，因此平均增长率是负数。徐现祥等（2007）的计算也有这种现象存在。负的资本存量表明该地区服务业发展出现了停滞或倒退的客观现象，所以本书未对此加以处理。这可能会造成某行业生产率的高估。这是因为在估计技术效率时，对数化的 K 不存在，则可估计的数值均为 K > 0 的样本，而 K > 0 的样本效率值通常比 K < 0 的高一些。需要强调的是，K < 0 的样本主要存在于金融、租赁、水利这三个行业中，占 8%～19% 左右，三个行业对整体没有较大影响。根据后文计算，仅水利行业生产率较高，因此影响不严重。

表 3－2 分行业之资本劳动比 单位：万元/人

行业	2004 年	2005 年	2006 年	2007 年	2008 年	2009 年	平均
交通运输、仓储和邮政业	752.31	784.69	748.22	776.37	740.98	744.10	757.78
信息传输、计算机服务和软件业	1 393.96	1 385.13	995.92	892.31	761.84	685.45	1 019.10
批发和零售业	－9.36	1.51	1.84	4.76	6.62	2.12	1.25
住宿和餐饮业	20.66	17.80	17.67	21.04	26.05	31.63	22.48
金融业	6.90	5.90	3.41	2.34	1.68	1.18	3.57
房地产业	2 038.66	1 832.30	1 689.26	1 655.52	1 745.41	1 701.70	1 777.14
租赁和商务服务业	－6.80	－14.51	－10.40	－9.60	－7.89	1.80	－7.90
科学研究、技术服务和地质勘查业	17.79	17.88	17.84	17.95	18.64	19.99	18.35
水利、环境和公共设施管理业	187.54	200.72	224.63	257.50	286.20	340.37	249.50
居民服务和其他服务业	249.87	249.15	217.19	226.31	184.28	197.55	220.73
教育业	18.10	18.38	17.62	17.91	18.13	18.70	18.14
卫生、社会保障和社会福利业	20.45	20.37	19.40	19.38	19.63	19.99	19.87
文化、体育和娱乐业	－41.96	－49.01	－36.90	－30.18	－35.56	－11.52	－34.19
公共管理和社会组织	19.70	19.47	19.74	20.38	20.94	21.32	20.26

对于生产率一般有这么几个直觉上的认识：一是它通常随着时间的推移逐渐增长；二是资本密集型行业的生产率通常高于劳动密集型行业的生产率；三是现代服务业（如金融、交通、信息技术等）的生产率通常高于传统服务业（如餐饮等）。但是表 3－2 和表 3－3 中资本密集度和劳动生产率的波动情况暗示在服务业生产率的估算中，可能得出与直觉相悖的结论。

表 3－3 分行业之劳动生产率 单位：万元/人

行业	2004 年	2005 年	2006 年	2007 年	2008 年	2009 年	平均
交通运输、仓储和邮政业	15.57	16.48	16.51	16.82	17.65	18.97	17.00
信息传输、计算机服务和软件业	36.54	35.10	31.33	31.47	30.97	28.78	32.36
批发和零售业	26.09	27.93	27.32	28.44	30.68	33.78	29.04
住宿和餐饮业	22.97	23.47	22.32	35.90	49.87	28.30	30.47
金融业	17.62	17.30	14.05	15.10	14.84	15.96	15.81
房地产业	60.34	55.57	49.69	48.21	49.54	54.70	53.01
租赁和商务服务业	24.89	22.98	17.33	17.69	24.32	18.81	21.01

续表

行业	2004	2005	2006	2007	2008	2009	平均
科学研究、技术服务和地质勘查业	7.98	8.31	7.80	8.44	8.95	8.84	8.39
水利、环境和公共设施管理业	4.56	4.97	4.72	5.85	4.04	4.09	4.71
居民服务和其他服务业	89.16	100.25	90.86	85.82	73.43	65.91	84.24
教育业	3.97	3.95	3.77	3.79	3.72	3.84	3.84
卫生、社会保障和社会福利业	4.98	5.13	4.91	5.13	5.09	4.92	5.03
文化、体育和娱乐业	8.28	9.17	9.02	8.82	8.41	8.69	8.73
公共管理和社会组织	5.10	5.02	4.93	4.94	5.25	5.34	5.09

3.5.3　各行业分地区分时段之结果分析

在计算出 Y、K、L 后，根据式（3.12），采用 Frontier 4.1 进行技术效率分析，整理得到表 3-4～表 3-6，并据此绘制出图 3-2、图 3-3。注意由于篇幅限制，这里省略了根据式（3.15）得到的回归方程式，直接讨论效率值的估计结果。

表 3-4　　　　　　　　　　各行业分地区之效率值估计

	全国平均	东部	中部	西部
交运仓邮业	0.422	0.5	0.435	0.319
信息软件业	0.518	N/A	N/A	N/A
批发零售业	0.33	0.457	0.246	0.097
住宿和餐饮业	0.366	0.394	0.394	0.3
金融业	0.231	0.381	0.388	0.146
房地产业	0.421	0.576	0.388	0.248
租赁和商务服务业	N/A	N/A	N/A	N/A
科研服务业	0.37	0.484	0.289	0.232
水环公管业	0.628	0.714	0.556	0.552
居民服务和其他服务业	0.267	0.271	0.356	0.082
教育业	0.419	0.442	0.415	0.359
卫社福利业	0.706	0.8	0.628	0.615
文体娱乐业	0.372	0.393	0.384	0.24
公管和社会组织	0.524	0.629	0.42	0.436

注：为节省篇幅，自本表起后文一般采用行业对应简称。N/A 表示数据不足以计算。

表 3 – 5   各行业分时段之效率值估计

	2004 ~ 2005 年	2006 ~ 2007 年	2008 ~ 2009 年
交运仓储和邮政业	0.555	0.619	0.507
信息软件业	0.352	0.575	0.741
批发和零售业	0.297	0.373	0.354
住宿和餐饮业	0.347	0.643	0.578
金融业	0.223	0.482	0.456
房地产业	0.489	0.41	0.352
租赁和商务服务业	0.536	0.597	0.554
科研服务业	0.397	0.437	0.438
水利、环境和公共设施管理业	0.659	0.894	0.679
居民服务和其他服务业	0.288	0.251	0.462
教育业	0.453	0.408	0.546
卫生、社会保障和社会福利业	0.641	0.653	0.709
文化、体育和娱乐业	0.436	0.306	0.419
公共管理和社会组织	0.539	0.688	0.595
总体	0.61	0.627	0.592

表 3 – 6   各行业效率变化趋势总结（2004 ~ 2009 年）

变化类型	行业
持续上升	信息业、科研技术服务业、卫生和社会保障业
持续下降	房地产业
先下降后上升	居民服务业、教育业、文体娱乐业
先上升后下降	交通运输业、批发零售业、金融业、租赁和商业服务业、水利环境业、公共管理业

表 3 - 4 描述了个行业分地区①的效率值。按地区来看，各行业的技术效率基本按照东—中—西的顺序递减，东部综合技术效率最高，西部最低。具体来看，效率根据行业有所不同。中部的技术效率具有过渡性，某些行业接近东

---

① 本书提到的东、中、西部分别是：东部：辽宁，河北，北京，天津，山东，江苏，浙江，上海，福建，广东，广西和海南（12 个）；中部：黑龙江，吉林，内蒙古，山西，河南，湖北，江西，安徽和湖南（9 个）；西部：陕西，甘肃，青海，宁夏，新疆，四川，重庆，云南，贵州和西藏（10个）。

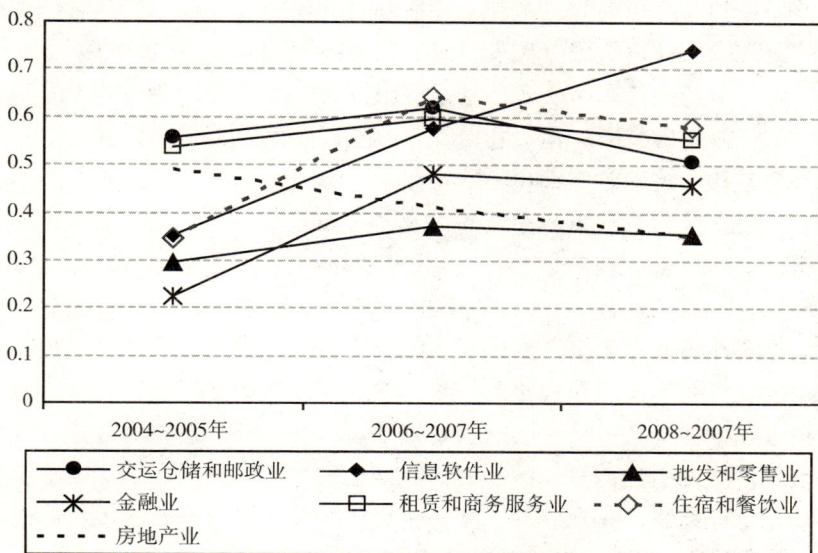

图3-2 行业效率变化趋势

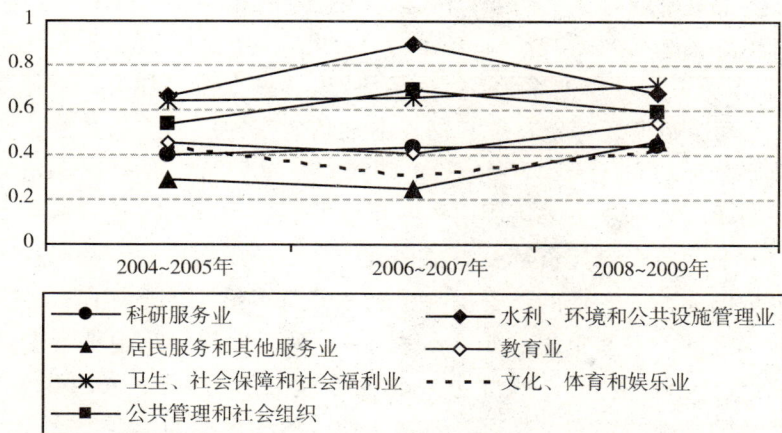

图3-3 行业效率变化趋势

部，某些行业又接近西部。例如，东、中部住宿和餐饮业的效率几乎相同。从各地区行业差距来看，地区差距最大的行业是批发和零售业，东部效率值（0.457）是中部的近两倍（0.246），两个地区都远远高于西部（0.097）；地区差距小的行业是住宿和餐饮业，各地区水准较为平均（分别为0.394、0.394、0.3）。

按行业的全国平均水平来看，技术效率高（大于0.5）的行业依次是卫生、社会保障和社会福利业，水利、环境和公共设施管理业，公共管理和社会组织，信息传输、计算机服务和软件业，大部分行业的效率处于 0.3～0.5 之间。低于 0.3 的行业仅有两个，一是居民服务业，二是金融业。技术效率符合一般印象的行业仅有交通运输、仓储和邮政业以及信息传输、计算机服务和软件业。其余各行业技术效率存在如下特点：

首先，通常认为劳动生产率低的行业，技术效率不一定低。鲍莫尔把劳动生产率比较低的教育、住宿、医疗、公共服务等行业称为"停滞性服务业"（Stagnant Services）。从表 3－3 可以看出，除了批发零售、住宿餐饮业外，这些所谓的停滞性行业劳动生产率确实比较低，但从表 3－4 又可以看出：这些行业的技术效率并不低。它们技术效率大致处于相似的区间内，卫生和社会保障业的技术效率甚至超过信息和交通业居于首位。表 3－2 显示这些行业所需资本均很低，这说明它们发展的动力主要是靠技术水平提升，而不是靠资本要素的推动。也就是说，在现有技术水平一定的情况下，这些行业能更有效率地运用现有技术进行生产。

其次，通常认为高生产率的行业技术效率不一定高。资本密集型的行业不一定是高技术效率的行业。例如，房地产业技术效率居中（0.421），不与其高资本密集度的地位（1 777.14 万元/人）匹配；居民服务业的人均资本为 220.73 万元/人，劳动生产率为 84.24 万元/人，技术效率却为倒数第二。由此可知：这两个行业还停留在要素即资本推动效率的层面上。此外，金融业的技术效率最低。它的人均资本不高（3.57 万元/人），并且逐年递减，出现这样的结果可能和本书采用固定资产投资估算资本存量有关，从年鉴数据来看，金融业固定资产投资额一直都很低，即使采用新增固定资产这个指标衡量，也依旧如此。较低的投资反映金融业养料不足。比之其他行业，金融业在各地区之间的发展也很悬殊。从表 3－4 可以发现，东中部金融业的技术效率相近（0.38 左右），西部金融业仅是东中部的一半（0.146）。金融业中较严重的垄断与管制，是否是金融业技术效率落后的原因？这个现象还有待进一步探讨。

按时间变化来看，各行业在不同时期呈现出不同的变化趋势。2004～2007 年属于正常时期，而 2008～2009 年属于受到外生冲击（美国金融危机）时期。据此我们把研究时期划分为三段。服务业总体技术效率在 2004～2007 年小幅上升，在 2008～2009 年出现下降趋势（见表 3－5）。然而与制造业不同的是，并不是每个服务行业都随着总趋势变化。本书总结出四种变化类型（见表 3－6）：大部分行业同制造业一样，属于与宏观经济同方向波动的类型，受外生冲击影响较大。而有一部分行业则具有特殊性：持续上升的行业即使在金融危机冲击下，也保持着增长的势头，具有抵抗外界经济波动的特点；持续下降的行业不仅本身发展趋势不良，而且没有抵抗冲击的能力；先下降后上升则表明该行业具有逆冲击的特点，即在正常时期表现平平，在萧条时期反而发展较快。这个结果正与各行业的特性相符，它的政策含义是，如果具有抗冲击特性的行业得到合理发展，就可以在一定程度上维持宏观经济的稳定。

　　总的来看，行业层面服务业技术效率的特点是：第一，各行业的技术效率随着时间的推移有不同的变化趋势。第二，资本密集行业的技术效率不一定比劳动密集行业高。第三，现代服务业的技术效率不一定比传统服务业高。第四，中西部有些行业的技术效率比东部高。第五，有些行业具有抗冲击或逆冲击的特性。第二、四点很可能是管制的存在所引起的。

<h2 style="text-align:center">3.6
上市公司层面的描述</h2>

3.6.1　数据来源和指标处理

　　处理企业数据比行业数据简易。从 2007 年 1 月 1 日起上市公司全面实施了新会计准则，较长的数据又可能使企业生产率受到时间的影响，因此本书采用了 2007～2009 年沪深两市上市公司年报中披露的数据。

　　（1）Y：产出＝企业当年营业收入（万元）/第三产业增加值指数。

　　其中，第三产业各部门的增加值指数来自 2010 年统计年鉴的全国指标，以 2007 年为基期。

　　（2）K：资本＝企业当年固定资产（万元）/固定资产投资价格指数。

　　其中，固定资产投资价格指数来自 2010 年统计年鉴的全国指标，以 2007 年为基期。这里我们采取了与宏观上估算资本存量不同的方法：新准则中的企业当年财务报表中的固定资产，等于扣除了累计折旧的固定资产净值。这一指标基本可以反映企业各年份的资本投入情况。

　　（3）L：劳动＝企业当年年末员工总人数（人）×劳动时间（小时）。

　　其中，劳动时间来自国研网数据库的“2009 年 11 月城镇就业人员调查周平均工作时间”的分行业指标，结合各企业的证监会行业分类，算出各企业的周劳动时间。

　　在筛选样本时，剔除了 ST 股、变量缺失的样本以及营业收入为负的样本。最终得到的样本总体情况如表 3－7 所示。

表3-7　　　　　　　　　　企业行业、所有制及区域分类　　　　　　　　单位：家

	总计	民营	国有/集体	其他	东部	中部	西部
交通仓储业	71	7	64	0	53	12	6
批发和零售业	99	16	83	0	75	14	10
金融和保险业	36	1	34	1	28	4	4
房地产业	105	27	78	0	83	13	9
信息技术业	126	46	79	1	63	9	7
传播与文化业	14	1	13	0	8	4	2
社会服务业	52	10	42	0	28	6	8
总计	503	108	393	2	338	62	46

从表3-7可知，服务业上市公司主要集中在信息技术、房地产和批发零售贸易业等几个行业，在传播文化和金融保险领域内较少。按所有制（即上市公司控制人）看，样本中民营上市公司有108家，国有或集体所有的上市公司有393家，民营上市公司的数量显著低于国有或集体上市公司。截至2009年的全行业数据中，民营上市公司有707家，占总体的40.3%。在本样本的服务业企业中，民营上市公司占比为21.5%，低于总体平均水准一半左右。这表明民营服务业企业在资本市场中发展滞后。从表3-6还可以发现两个特点：第一，包含上市公司数量最多的信息技术业，恰好是民营上市公司数量最多、占比也最多的行业；第二，包含上市公司数量最少的行业，如金融保险业和传播文化业，恰好也是民营上市公司数量最少、占比也最少（分别为2.7%和7%）的行业。上市公司数目和所有制间的相关性，一是表明这两个行业的民营企业发展不够成熟，二是表明民营企业进入资本市场受到一定限制，可能存在较高的行政性进入壁垒。按地区（公司注册地址）来看，东部服务业企业发展水平高于中西部。上市公司集中在东部，数量也基本按照东、中、西的顺序递减。

3.6.2　分行业的结果分析

将回归结果带回（3.15）式，计算得出了CES生产函数中的参数值和技术效率值（见表3-8）。

α是表示劳动产出弹性的参数，表3-8的结果显示，社会服务业的劳动产出弹性最高，资本产出弹性最低。剩余行业中，劳动产出弹性从高到低依次

是：交通仓储业、批发零售业、房地产业、传播与文化业、金融与保险业。社会服务业中的上市公司中多从事餐饮旅游等劳动密集行业的企业（约 42%），因此劳动产出弹性较大。如果某行业资本产出弹性与劳动产出弹性的比值大于1，说明其利用资本的强度大于利用劳动的强度，小于 1 则相反。比值大于 1的行业由高到低依次是：金融和保险业、信息技术业、传播与文化业。比值小于 1 的行业由低到高依次是：社会服务业、交通仓储业、批发与零售业、房地产业。

表 3 - 8 　　　　　　　　　　　CES 生产函数各参数值

	交通仓储	批发零售贸易	金融保险	房地产	信息技术	传播文化	社会服务
A	13.46	6 634.24	5.37	464.05	1.99	512.86	225.88
α	0.8	0.75	0.12	0.55	0.34	0.39	0.88
$1 - \alpha$	0.2	0.25	0.88	0.45	0.66	0.61	0.12
ρ	12.99	-0.2	5.29	0.52	6.96	0.82	0.97
β	0.88	0.53	1.02	0.62	0.59	0.51	0.59
ε	0.07	1.26	0.16	0.66	0.13	0.55	0.51
Mean TE	0.37	0.14	0.55	0.45	0.22	0.56	0.38

注：替代弹性 $\varepsilon = 1/(1 + \rho)$。

替代弹性 ε 方面，批发、零售贸易业的要素替代弹性最大并超过 1，说明该行业对成本变动的反应较大。交通仓储业、金融保险业及信息技术业对劳动成本变动的反应较小（分别为 0.07、0.16 和 0.13），房地产业、传播与文化业及社会服务业的替代弹性居中。不同行业企业替代弹性不同的原因主要是行业特质不同。交通仓储业、金融保险业、信息技术业的资金或技术门槛较高，不易被劳动取代，因此要素替代弹性较小；批发零售贸易业的替代弹性较高，正与我国零售贸易品多为劳动密集型的初级产品，对工资变动的反应较大的事实相吻合。

从最后一行行业技术效率均值来看，2007~2009 年，技术效率值最高的是传播与文化业（0.56）和金融与保险业（0.55），技术效率值最低的是批发和零售贸易业（0.14）。信息技术业的技术效率也不高（0.22）。传播文化业和金融保险业的民营企业都仅有 1 家。信息技术业和批发零售业的民营企业数量相对比较多（46 家和 16 家）。于是我们推断，民营上市公司的力量相对较弱。进一步按照所有制总结出表 3 - 9。

表 3 – 9   CES 生产函数各参数值

	民营	国有集体	东*	中	西
A	845.56	287.15	925.19	126.47	376.15
α	0.75	0.61	0.45	1.09	0.82
$1-\alpha$	0.25	0.39	0.56	-0.09	0.18
ρ	-0.059	0.24	-0.09	2.2	-0.24
β	0.6	0.7	0.66	0.55	0.56
ε	1.06	0.81	1.1	-0.31	1.32
Mean TE	0.218	0.296	0.26	0.46	0.44

3.6.3 分所有制的结果分析

同样把回归结果代至（3.15）式得出表 3 – 9。民营企业的劳动产出弹性（0.75）高于国有或集体所有企业（0.61），这主要是因为民营企业资本、技术等方面的力量不及国有或集体所有企业雄厚，各种进入壁垒的存在也使民营企业多在劳动密集型产业发展。这同时也造成民营上市公司的技术效率（0.218）低于国有或集体所有的上市公司（0.296）。

相对于民营企业和国有或集体企业的数量差距（后者是前者的 3.6 倍）来说，这个差距虽然存在，但并不十分悬殊。首先，在资本密度较高的房地产业中存在较多的民营企业（见表 3 – 5），从一定程度上抬高了民营企业的人均资本和技术效率。其次，如果把 A 理解成表示经济发展环境的参数，可以发现民营企业的发展情况（845.56）明显好于国有和集体企业（287.15）；陈斌等（2008）的统计也发现，在竞争激烈且技术含量较高的行业，尽管民营上市公司的主营业务收入增长较弱，但其主营业务利润的增长则较强。

3.6.4 分地区的结果分析

分地区的回归结果见表 3 – 9，东部资本的估计系数比较显著（用 * 号表示），中部和西部资本的估计系数均不显著，资本使用率较低。从表 3 – 9 看，东部地区资本与劳动的产出弹性之比大于 1，而中西部地区相反。显示东部企业具有资本优势，中西部企业具有劳动密集优势。替代弹性方面，东西部企业的替代弹性都较大（大于 1），西部企业的替代弹性大于东部企业。中部企业的替代弹性为负，这可能与不显著的回归结果有关。然而，在技术效率值上，东部企业的技术效率（0.26）低于中西部企业（0.46 和 0.44）。原因可能如下：第一，中西部企业的样本数较少。表 3－7 显示东中西部分别有样本企业 338 家、62 家和 46 家。东部企业的数量是中西部的 5～6 倍。上市公司一般是当地业绩好、生产效率高的企业。效率高的企业比重越大，结果就越被高估。第二，不同行业的技术效率不一致。地区的上市公司在行业结构上的差异影响了技术效率。

上市公司层面技术效率的特点主要是：第一，按行业来看，技术效率最高的行业进入壁垒也高。第二，按所有制来看，民营企业的技术效率弱于国有或集体所有制企业。

3.7

对比分析

由于上市公司的数据仅有 2007～2009 年三年，为了比较，本书以 2007 年为基期，重新计算了这三年行业层面的技术效率。又根据陈斌等（2008）的分类，将进入壁垒分为高、中、低三种，比较了两种层面上的效率差异。综合表 3－10 中绝对效率和相对排序看，行业和企业技术效率出现背离的情况有两种，一为行业层面效率显著高于企业层面，如信息传输、计算机服务和软件业、批发零售业和其他服务业[①]（社会服务业），这三个行业的进入壁垒都比较低，民营企业较多。二为企业层面的效率显著高于行业层面，如文体娱乐业和金融业，这两个行业的进入壁垒都比较高，民营企业较少。技术效率大体接近的行业是房地产业，该行业进入壁垒中等。上市公司是我国企业的优秀代表，而统计数据则是整体企业的反映，这种背离现象在一定程度上[②]说明，进入壁垒的存在使领头企业（如国有或集体企业）和普通企业的差距大大拉开了，行业内部发展不均衡，也就不利于整个行业的全面发展。比如，虽然在上市公司中，传播文化业和金融保险业企业的技术效率很高，可根据表 3－2、表 3－3 的结果，金融业不仅资本投入不足，而且技术效率为倒数第一；文体娱乐业的效率也不高。

分区域来看，行业层面上，服务业的技术效率与通常的印象相符，从沿海

---

① 其他为表中列出以外的剩余服务业。证监会分类中，社会服务业包括公共设施服务业，专业、科研服务业，餐饮业，旅馆业，旅游业，娱乐服务业，租赁服务业，与统计分类上剔除前六种服务业剩下的服务业类似，故放在一排比较。

② 注意，因为样本数量和方法等，该对比只是粗略的分析。

向内地渗透发展（本部分计算结果与表 3 - 4 的趋势一致，为节省篇幅故省略）。上市公司层面上却没有遵循这个发展趋势，而是呈现出中部 > 西部 > 东部的现象。这并不和行业的总趋势相矛盾。东部服务业上市公司数（338 家）远大于中西部上市公司数（62 和 46 家）的事实足以说明东部服务业企业的发展情况。出现这样的结果，一方面是由于服务业上市公司在行业分布上有差异，另一方面是因为上市公司是当地效率高的企业。行业分布的差异表现了各地区的特色：东部信息技术业和房地产业表现突出，中西部的传播文化和社会服务业发展较好。这个结论和表 3 - 3 中的行业分析是一致的。

表 3 - 10 　　　　　　2007～2009 年行业技术效率与微观技术效率对比

进入壁垒	行业			企业		
	统计分类	效率	排序	证监会分类	效率	排序
高	交运仓邮业	0.558	3	交通仓储业	0.37	5
低	信息软件业	0.759	1	信息技术业	0.22	6
低	批发和零售业	0.446	7	批发和零售贸易业	0.14	7
高	文体娱乐业	0.492	5	传播与文化业	0.56	1
高	金融业	0.498	4	金融和保险业	0.55	2
中	房地产业	0.462	6	房地产业	0.45	3
低	其他	0.586	2	社会服务业	0.38	4

3.8
结论及其政策建议

　　本章使用 SFA 法，借助 CES 生产函数描述了 2004～2009 年中国服务业细分行业和上市公司层面的技术效率，在此基础上，根据行业、时间、区域以及所有制的不同，总结出服务业技术效率的变化特点，进一步补充了先前的研究。

　　行业层面上，我国服务业技术效率的总体特征是：第一，从行业性质上看，服务业各行业存在技术效率差异，进入壁垒较高的行业技术效率比较低。两个不同于直觉的结果是，在中国服务业中，资本密集型的行业技术效率不一定比劳动密集型行业高，现代服务业技术效率不一定比传统服务业技术效率高。这可能是因管制引起的背离现象。第二，从区域上看，中国服务业各行业技术效率存在着由沿海向内地递减的现象。但中西部某些行业技术效率比较高。如中部的金融业、住宿餐饮业的效率就与东部持平，文体娱乐业相差也不大。服务业各行业在不同区域的分布有差异。第三，从时间上看，在 2004 ~ 2009 年间，中国服务业的技术效率在小幅上升的基础上有所下降。在外界经济波动时，某些服务业行业有抗冲击或逆冲击的特性。不少高技术效率的服务业行业如信息技术业等，在中国还未得到充分的发展。

上市公司层面上，我国服务业企业技术效率的特征是：第一，进入壁垒越高，技术效率越高。第二，民营企业技术效率弱于国有或集体所有企业。然而通过与行业层面的数据对比发现，过高的进入壁垒虽然给在位垄断企业带来了好处，却使行业内部发展不平衡，扭曲了整体行业发展。

这些结论有着鲜明的政策意义。第一，各行业的技术效率差异说明，针对不同的服务业细分行业，有必要采取不同的激励措施来分类管理。第二，各地区根据自身实际情况，可以发展有特色的服务业行业，它们对资本投入要求不高，如批发与零售业、餐饮旅游业等，然而根据本章的计算，它们的劳动生产率和技术效率都不低，地区间差距也不大。第三，具有抗冲击或逆冲击特性的某些服务业行业，可以起到宏观经济稳定器的作用。第四，放松管制、降低民营资本进入壁垒有助于减小行业间的差距，使整个行业得到全面发展。为了提升行业的整体技术水平，有必要破除行政垄断和各种市场垄断，大力鼓励民间资本进入服务业。

参考文献

1. 陈斌等：《我国民营上市公司发展实证研究》，载《证券市场导报》，2008 年第 4 期。

2. 谷彬：《中国服务业技术效率测算与影响因素实证研究》，载《统计研究》，2009 年第 26 期。

3. 顾乃华：《我国服务业发展的效率特征及其影响因素——基于 DEA 方法的实证研究》，载《财贸研究》2008 年第 4 期。

4. 顾乃华、李江帆：《中国服务业技术效率区域差异的实证分析》，载《经济研究》2006 年第 1 期。

5. 刘兴凯：《中国服务业全要素生产率阶段性及区域性变动特点分析》，载《当代财经》2009 年第 12 期。

6. 刘兴凯、张诚：《中国服务业全要素生产率增长及其收敛分析》，载《数量经济技术经济研究》2010 年第 3 期。

7. 史修松、徐康宁、司增绰：《中国服务业全要素生产率增长及空间差异分析》，载《徐州师范大学学报（哲学社会科学版）》2008 年第 34 期。

8. 王恕立、胡宗彪：《中国服务业分行业生产率变迁及异质性考察》，载《经济研究》2012 年第 4 期。

9. 徐现祥、周吉梅、舒元：《中国省区三次产业资本存量估计》，载《统计研究》2007 年第 5 期。

10. 杨青青、苏秦、尹琳琳：《我国服务业生产率及其影响因素分析——基于随机前沿生产函数的实证研究》，载《数量经济技术经济研究》2009 年第 12 期。

11. 杨勇：《中国服务业全要素生产率再测算》，载《世界经济》2008 年第 10 期。

12. 张军、吴桂英、张吉鹏：《中国省际物质资本存量估算：1952—2000》，载《经济研究》2004 年第 10 期。

13. Banker, R. D., A. Charnes, and W. W. Cooper, Some models for estimating technical and scale inefficiencies in data envelopment analysis. Management science, 1984. 30 (9): pp. 1078 – 1092.

14. Charnes, A., W. W. Cooper, and E. Rhodes, Measuring the efficiency of decision making units. European journal of operational research, 1978. 2 (6): pp. 429 – 444.

15. Hall, R. E. and C. I. Jones, Why do some countries produce so much more output per worker than others? 1999, National Bureau of Economic Research.

16. Jorgenson, D. W. and Z. Griliches, The explanation of productivity change. The Review of Economic Studies, 1967. 34 (3): pp. 249 – 283.

17. Solow, R. M., Technical change and the aggregate production function. The Review of Economics and Statistics, 1957. 39 (3): pp. 312 – 320.

第4章

服务创新与服务企业生产率
——基于企业数据的研究

长期以来，服务业被看成是非生产性的部门，服务部门是否创新、创新的程度有多大、怎样创新以及与制造业创新有何不同，这些问题向来是研究忽视的领域。然而服务经济的兴起使创新这一被局限于技术创新的概念发生了越来越广泛的变化。在制造业的框架下，创新一般被等同于大学或实验室开发出的高科技专利。那些在技术创新之外、在社会经济发展中扮演了重要角色的非技术创新如服务创新，由于其无形性，还需要被人们进一步认知。举例来说，互联网的诞生是一项技术创新，而互联网在生活中的应用就是一种服务创新。作为一个非生产性的剩余部门，服务业是否存在创新？创新是否具有和制造业不同的特点？它受到什么因素影响，又对企业的生产率有怎样的影响？这是本章要探讨的主要内容。

4.1
服务创新

4.1.1　服务创新的特性

狭义来讲，服务创新指的是在服务业中发生的创新活动。目前比较认同的关于创新的定义是由熊彼特给出的：创新就是要"建立一种新的生产函数"，要把一种从来没有的关于生产要素和生产条件的"新组合"引进生产体系中去，以实现对生产要素或生产条件的"新组合"。他的创新理论包括以下五种情况：（1）采用一种新产品；（2）采用一种新的生产方法；（3）开辟一个新的市场；（4）发现新的原材料或半成品；（5）实现一种新的组织形式。这五种情况分别对应着五种创新形式：产品创新、技术创新、市场创新、资源配置创新、组织创新。虽然这几种创新形式包括了服务创新的某些内容，但是在制造业居于主导地位的背景下，人们的头脑还局限于对制造业创新分析的框架中，这就使对服务创新存在若干偏见，如：服务业中不存在创新；服务业中的创新是严格技术性的。

产生如上偏见的主要原因，在于没有摆脱对制造业分析框架的影响，也没有认识到服务和商品的差异，从而低估了服务业创新的程度和范围。服务业创新与制造业创新的差异，本质在服务和商品的差异。如果忽略了服务的特性，用制造业的思维分析服务创新，将会忽略无形的创新如市场创新、组织创新等，也会忽略除了技术以外其他要素的创新的影响，遗漏重要的创新现象和过程，不能满足日益深化和广化的创新研究的需要。商品通常具有标准化、有形化、可运输的特征，而服务却是异质的、无形的、生产与消费一体化（难以运输）的一个过程。服务创新因之具有若干与制造业创新不同的独特要素，具体表现在：

（1）无形性。这是基于服务特性而来的属性。技术创新的过程是一种有形活动，创新的结果也是有形的。而无形的服务，其结果和过程是一体化的、很难被察觉的，它可能只由一些思想和概念组成，而不包括任何技术和有形活动。

（2）多样性。服务创新从形式到内容都较制造业创新丰富得多。服务形式多种多样，虽然技术创新和服务创新之间的互动日益紧密，技术创新为服务创新提供了重要的实现手段，服务创新中融入了很多技术创新的元素，但服务创新却可以在没有技术元素的情况下发生，如一种新规则的引入，新市场的开拓，新信息的产生，等等。除常见的几种创新（产品创新、组织创新、流程创新、市场创新），服务业还有独有的一种创新：专门化创新（Ad hoc innovation），即解决顾客特殊问题的创新。在澳大利亚和德国对交通业创新的调查中，采用过非技术创新的比例高于技术创新；在欧洲进行的"四个行业调查"（Four Sectors Survey）中，有超过 1/3 的服务企业认为它们只进行组织创新。因此，服务创新比制造业创新的含义更宽泛、更多样。

（3）专门性和不可复制性。制造业中，新产品的诞生必须具备量产的条件，因此一种创新要想得以应用，必须具备一定程度的可复制性。而服务具有生产消费一次性的性质，经常表现为针对客户特定问题的一种解决方案，如上面提到的"专门化创新"。因为问题是非标准化的，客户也是不同的，因此，几乎可以把每次服务都看成是一次独一无二的创新。

（4）互动性和需求导向性。制造业的生产过程可以被分割，因此研发、生产、销售各阶段是相互独立的，创新主要表现为供应商主导的现象。而服务的生产是由服务企业和客户、供应商等多个主体共同作用的结果，创新因此按照更加复杂的方式进行组织。服务以客户需求为导向，客户在服务创新中不仅具有推动的作用，而且参与了创新的过程，作为生产者的一方，对创新起了重要的影响。

（5）模糊性。制造业的创新主要在研发部门中产生，而服务业中经常没有制造业意义上的专门研发部门，也很难发现专门的研发活动。即使研发部门存在，它也更多的起的是搜集、整理创新概念的作用。另外，服务生产消费不可分离，意味着服务创新的产品和过程也不能分离。服务产品和过程的模糊，使服务的产品创新和过程创新难于识别；而根据不少调查来看，组织创新和过程创新也是难于区分的。例如许多企业把内部的通讯网络看成是组织创新，但也有不少企业把它看成是过程的改变（Hipp et al.，2000）。

由上可以看出，服务创新与制造业创新存在较大差异，因此需要采用不同的方法对它进行探讨。日益增多的研究已经表明，当服务和商品的差异纳入，服务业中下面将对服务创新研究的相关文献进行分析。

4.1.2　相关研究回顾

服务的特性给服务创新研究带来一定困难，主要包括：第一，现有的理论主要建立在对制造业创新的分析基础上，需要拓展创新理论来解释服务创新。第二，正如服务业产出和生产率难以测度一样，服务创新的定量描述也是个难题。第三，服务业之间各部门异质性过强，因此很难总结出一个适用于各部门之间的普遍规律。这些困难，推动服务创新的研究不断演变。总的来说，服务创新的研究从"技术"导向开始发展，并沿着"服务导向"的轨迹，向"整合"型研究转变。

技术型研究方法关注技术在服务创新中的应用，忽略非技术型的创新。它假设服务创新也可以用研究制造业创新的方法来解决。研究内容主要包括：技术在服务业中的传播和扩散，技术应用对服务业各项变量如生产率、就业等的影响，技术在服务业中所印发创新的性质等等。Barras（1986）的逆向产品生命周期（Reverse Product Cycle，RPC）理论，是技术型理论中一个有影响力的理论。信息技术的引入，使某些服务业中出现了与传统工业产品周期相反的逆向产品生命周期。这个生命周期分为三个阶段：效率提高的渐进性过程创新阶段、质量提高的根本性过程创新阶段、出现新服务的产品创新阶段。这三个阶段是连续的。信息技术的应用，起初是为了提高后台运作的效率。开始企业学习使用各项新的技术，并将各种工作围绕新技术展开，效率提升逐渐向质量提高转变。在对新技术的学习中，形成了更强的技术能力，使更多的创新有了出现的机会。通过前两个阶段技术与服务的相互作用，第三个阶段新服务最终出现。这三个阶段发展的案例有保险业（从计算机化的保单记录到在线保单报价，最后形成在线保险服务），会计业（从计算机审计到计算机化的账目管理，再到审计和账目的全部自动化）等等。RPC 模型为理解上述案例提供了概念性的框架，并把服务业创新和制造业创新联系起来，肯定了服务业的创新性，是描述信息技术类创新路线的有效基准。但是 RPC 模型是一个单纯以技术为基础的模型，它没有考虑除了信息通信技术之外的其他技术，也没有考虑除了技术以外其他因素引发的创新。

服务导向型方法的核心是以服务本身的特性为基础的创新分析。该方法更加重视非技术式的创新，如传递创新、专门化创新这些在服务业中更普遍的创新。从服务特性展开的创新研究开始崭露头角，如服务管理（Quinn，1992），与客户的互动（Kline and Rosenberg，1986）等等。服务导向型的研究最重要的贡献是发现了服务业创新特有的形式。

制造业与服务业两者相互融合的趋势使研究走向整合型的方向。这方面的主要研究有：运用整合方法提出的 6 类创新模型（Gallouj and Weinstein，1997），以及创新四维度模型（Den Hertog，2000）。创新四维度模型是一个描述多个创新要素的综合性模型，同时适用于制造业企业和服务企业。四个维度包括：（1）服务概念。即受竞争者提供服务的影响和现有服务影响的创新。（2）客户界面。即受现有客户和潜在客户特征影响的创新。（3）服务传递系统。即受服务企业员工工作能力、技能和态度影响的创新。（4）技术选择。即受到特定技术协调的创新。但这并不是一个必要的维度，因为服务创新在无技术参与的情况下仍然可以发生。任何一种服务创新都是以上四个维度的多种组合，一项全新服务的出现意味着服务新概念的形成、员工方式的改变、新的服务传递系统以及新技术的应用。某项特定的服务创新可能是由以上四个维度的某一个维度相关的特征所主导，并引起其他三个维度发生的一系列变化。对于不同的服务、创新和企业来说，各个维度的权重和维度之间关系的权重也会有所不同。

整合型的方法揭示了服务创新和制造业创新两者内在的一致性，为创新提供了更广阔的研究角度。

4.2

服务创新及其绩效影响

4.2.1　相关研究进展

随着信息技术业的发展，服务业的创新性逐渐得到了认可，人们逐渐承认服务创新的重要性，也不再把服务业当成是其他领域创新的被动接受者。但现有服务创新的文献多以概念和分类为主，较少涉及创新对企业绩效的影响。国内关于服务创新的研究，在定性和统计分析层面的较多，从微观企业层面对服务业创新与生产率关系的实证研究几乎没有。这主要是因为服务创新的研究仍然处于初级阶段。服务创新的数据较难获取，测度方法也很有限。但是在学者的努力下，服务创新及其绩效影响的研究，已经从技术导向型逐渐过渡到服务导向型。

　　服务导向型文献的困难主要在于服务创新的非技术部分难于表达，于是这些研究通常将服务行业分类或将与服务业特性有关的变量纳入考虑范围。研究的结果不像技术创新对企业生产率的作用那样统一和直接，且根据研究的不同呈现出多样化的特征。曼苏利和拉夫（Mansury and Love，2008）使用美国商务服务业的数据，强调了外部创新源、服务创新以及企业生产率的关系。他们将服务业的创新细分为产品创新、相对于市场的创新（new-to-market innovation）和相对于企业的创新（new-to-firm innovation）。研究发现，服务业创新对于销售和员工人数的增长有正面作用，对生产率却没有明显作用。而外部联系（如与客户的联系）对创新企业的绩效有着极其显著的积极作用。他们认为，这可能是因为创新在短期内对服务业企业具有干扰效应（disruption effects），或者服务创新的效果需要较长时间才能得以显现。在拉夫等人（Love et al.，2010）的后续研究中，尽管数据来源国和之前并不一致，但单纯的服务创新对生产率也没有起到明显作用，而是通过其他变量，如出口，间接地对生产率起到调节作用，只有当它们相关联时，才会促进生产率。玛索和法特（Masso and Vahter，2011）通过三阶段的 CDM 方程，检验了服务创新的决策、费用、强度、产出和生产率。在他们的结果中，非知识密集型服务业的创新对生产率的影响大于知识密集型服务业，非技术型创新只在某些情况下起到正面作用。此外，出口也是一个可以影响创新绩效的关键因素。在蔺雷（2012）对中国旅游业企业的调查中，服务质量是中间变量。服务创新对企业的绩效有直接和间接的作用，直接的作用是降低成本，间接的作用是提高服务质量，而服务质量又能促进消费者满意度和忠诚度，它们最终会反映到企业的绩效上来。该文的实证证明，直接和间接的创新效应都对企业绩效有积极而显著的效果，但是直接效应大于间接效应。

　　总的来说，关于服务创新影响企业生产率的文献，大致有两种实证结果：一种是创新对企业的绩效产生了正向影响，改进了企业的生产率并且提高了企业的竞争力；另一种则发现创新对企业竞争力并不一定具有正面影响，如服务创新的影响可能存在时滞，还有可能不对绩效产生直接影响而只对某些中间变量产生间接影响，或者由于创新刚性的存在使创新资源的投入变成沉没成本。

4.2.2 创新提升企业生产率的机制

流程创新和组织创新（如果不那么严格地区分服务业中几种创新）对服务企业生产率的提升最为直接。它们能够使劳动分工系统化、服务产品标准化，并且降低了生产成本。例如，百思买（Best Buy）为了最充分地利用员工的价值，培养了一种"只关注结果的工作环境"，即：为员工设定总体目标，但员工可以自由选择实现目标的方式。在实行了这种做法的部门里，员工的生产率提高了 35%[①]。改变流程也可以释放新的生产率。英国零售企业乐购（Tesco）以视频会议取代长途出差，节省了关键部门 45% 的差旅预算。这两个案例中，创新在服务企业内部发生，并且表现出概念化的特征。

产品和市场创新的生产率效应比较间接。它们不直接作用于生产率，通过新产品和新市场的开辟，产生的需求效应使产量大幅增加，利润得到增长。在这个过程中，企业接触了大量客户，积累了经验，并且通过利润改善自身技能，提高了生产率。

但是，创新对服务企业生产率作用的效果不一定会立即显现。在创新初期，生产率会不升反降，因为企业创新具有沉没成本，这种收益经常是滞后的。由于服务创新在本质上没有实体依托，是无形的，所以创新多为一种渐近性的、不易察觉的小变化，即使创新发生，也不可能在短期内对生产率有非常显著的影响。从长期来看，随着企业使用新知识的技能逐步成熟，创新的边际收益不断增大，创新活动就促进了企业生产率的增加。但是长期的生产率的提升受到多种因素的干扰，很难判断是否由服务创新所引起，比如创新可能通过某个间接变量影响生产率，但创新和生产率之间却没有直接关系。另外，由于服务业产出的测度至今仍然存在争议，如果考虑到"质量"这一难以衡量的因素，结果也会因之而难以预测。因此在实证上，服务创新与企业生产率的关系，可能会出现类似索洛的"IT 生产率悖论"的情况[②]。

4.2.3 创新的测度

服务创新的复杂性和独特性，以及对服务创新量化研究的缺乏，使服务创

---

① http：//china. mckinseyquarterly. com/The_productivity_imperative_2630.
② 索洛悖论是指"IT 产业无处不在，而它对生产率的推动作用却微乎其微"。

新测度的方法有待进一步的研究。目前，制造业的技术创新活动的测度已经形成了一定体系，主要是使用 R&D 强度指标、新产品、新工艺和新专利数，等等。但这些在制造业中发展出来的方法并不能完全照搬到服务业上，主要是基于以下几个方面的考虑：

第一，服务创新呈多样性，创新类型复杂、难以标准化。服务创新更多是在组织、流程等方面进行非技术创新，如新服务、新市场、新商业模式等，现有研究较少关注这些非技术性创新。在调查创新过程中存在的"技术偏见"，低估了服务互动中的创新。这些调查往往是为调查制造业企业设计的，没有对各种类型的创新进行区分，按照服务创新的分类来看，包含服务企业的创新调查至少应该突出组织创新、市场创新。

第二，由于服务本身是无形的，进行技术变革性创新较少，而更多源自对服务过程和服务环节进行的改进，因此服务创新往往是"隐性"而不是"显性"的。很多服务创新活动的结果并不形成某个有形的产品，而是一个无形的过程，很大程度只能进行定性描述，无法用量化指标反映。具体来说，服务业服务的对象是客户，目的是满足客户的需求，除少数行业外，服务业多在"项目开发"、"质量管理"等名目下研发，而采用制造业的制度化和定式化研发活动较少，但另一方面，对那些与客户关系紧密的服务企业来说，服务产品的生产销售和投入产出的同时性使企业无法分辨到底哪些经费投入到研发活动中[1]。如莱波宁（Leiponen，2005）的研究就发现，服务业 R&D 投入与产出没有显著统计意义的相关性。制造业创新倾向于强调"硬性"指标，如 R&D 投入等，而服务业创新更注重"软性"的研发能力，如与外部创新源的互动等。

第三，服务创新的行业异质性较强。与制造业相比，服务业各行业在创新程度、创新方式上的差异较大。例如，欧共体的第二次创新调查（CIS2）发现，在创新程度方面，从事技术创新活动的企业占调查企业的比例，运输业为25%、技术服务业达到44%、计算机服务业达到2/3；在创新方式上，行业既有依靠内部研发，也有依靠外部力量联合研发，且行业间差异较大。因此，有必要采取多种指标来衡量服务业中不同行业内部的创新。

第四，服务业很多没有传统的 R&D 部门。即使存在，服务业的 R&D 部门与制造业传统的 R&D 部门在意义上也大相径庭。创新思想的形成很分散，不少项目组具有高度的创新性，但一般的 R&D 部门并不一定是新知识的主要来源。新知识的主要来源可能是熟练员工提出的方法等。如果采用 R&D 指标

---

① 例如，我们调查的问卷中，R&D 投入指标就大量缺失。

测度服务创新，就不能反映出创新的真实情况和效果，并低估企业的创新能力。即使能够应用 R&D 指标，由于行业异质性等各种原因，不同的 R&D 指标也可能产生不同的测量结果。如果考虑使用专利数做指标，因为服务创新具有无形性，容易被模仿，在制造业中应用有效的专利手段无法对它进行保护，所以服务创新中专利也十分少见，采用该指标同样会低估服务业的创新能力。

由上可见，以制造业创新为基础的创新指标遗漏了很多服务创新的特征和过程。但是，随着制造业和服务业的不断融合，服务创新也逐渐表现出一些与制造业相同的特征，因此并没有必要对服务创新和技术创新做出明显的区分。于是本书识别创新的策略是，综合采纳制造业创新和服务业创新的特点，同时采用五种指标，以求全面地描述服务业创新对生产率的影响。五种指标分别是：新业务收入占比和人均专利数两种显示性指标，产品创新、流程创新和质量改进等三种带有一定主观性的非显示性指标。"新业务收入"指标主要是新市场的业务收入，也有可能是新产品的业务收入，所以它包含了市场创新和产品创新两方面的含义；专利申请多发生在生产性服务业，因此它具有"硬"技术创新的特质。后三种指标是针对那些在非 R&D 投入框架下进行创新而难于统计的研发活动。

4.3
服务创新的影响因素

4.3.1　分析

服务创新的驱动力有外部驱动力和内部驱动力两种（Sundbo and Gallouj，1998）。内部驱动力主要指的是企业的战略和管理、员工、创新部门和 R&D 部门。企业的战略是服务创新最主要的内部驱动力，它是有关企业发展的长期规划。员工直接接触客户，能够最早发现客户的需求，而员工自身的知识和积累的经验是企业创新思想的来源。比之前两者，服务业中的创新部门和 R&D 部门主要负责搜集创新概念，不是创新的内部驱动因素，但它也对企业的创新过程产生了一定影响。

外部驱动力又被分为轨道和行为者两类。作为外部驱动力的轨道，虽然也会受到单个企业的创新服务影响，但它对企业的影响更大，并且将企业的创新制约在轨道的范围内。在五类轨道中间，最重要的是服务专业轨道，它是存在于各种服务行业中的一般性质、方法和行为准则，创新活动必须以此为基础展开。第二种轨道是管理轨道，它是针对新组织形式的一般性管理概念，如激励机制等。第三种轨道是传统意义的技术轨道，如信息和通信技术等。第四种轨道是制度化轨道，它是企业外部制度环境的变化，包括政治环境、管制规则等。制度环境对服务企业的影响比制造业要大。第五种是社会轨道，它是一般性社会规则的演进。这几种轨道并不独立，经常交互对服务创新产生影响。另外一个外部驱动力是行为者，它指的是对创新活动有重要影响的人、企业或组织。在行为者中，客户是服务创新中最重要的一种，服务是由企业和客户合作生产的，因此服务创新也是由企业和客户"合作生产"的。竞争者也对服务创新产生了重要影响，服务企业可以通过模仿竞争者的行为进行创新。供应商也是创新的主要来源，它可以帮助服务企业产生创新思想，成为创新过程中的合作者。此外，公共部门（如政府）也推动或抑制了企业的创新。

欧共体的 CIS2 和创新景气度调查（Inno-barometer survey）也发现，与供应商、客户的合作在服务创新中非常普遍，同时竞争者也是影响服务创新的因素。

4.3.2　本章的测量

综合第一部分的分析框架，本章得出，创新既由企业内部决定（如规模、行业、员工技术水平等），又受到外部驱动力的影响（如创新经费来源和行为者等），多个方面共同决定了企业的创新活动。

在影响企业创新的内部因素中，我们特别关注"是否接受国外企业的服务外包订单"这个因素。有关制造业创新方面的文献表明，接受国外企业的订单可能对企业的创新活动产生负面影响（张杰等，2008）。一方面，为满足国外客户苛刻的质量与技术要求，接包企业具有创新的动力，通过对发达国家企业的学习和模仿，实现本土企业的自主创新。另一方面，对那些核心技术缺失及知识吸收能力不强的企业来说，持续承接低技术含量的外包，极有可能被发达国家企业"俘获"，被锁定在价值链的低端，进一步弱化创新能力。类似地，我们还考虑了"出口"这个因素。尽管新—新贸易理论发现，生产率高的企业出口可能性高，创新的可能性也越大，但基于中国制造业的实证研究却发现，技术创新和出口之间不存在显著关系，主要是因为我国制造业在国际化过程中还处于"被俘获的陷阱"中（刘志彪、张杰，2009）。而我国服务业国际化起步更晚、进程也较慢，那么国际服务外包是否会使服务企业掉入陷阱呢？已有报道称中国软件外包企业一直从事着单一编写代码的低端业务，很少提供过咨询和整体解决方案的业务，当前面临着创新和技术的困境①。本章使用的样本正是来自外向型经济为主的苏州昆山，我们试图从数据中寻找答案。

在考虑影响企业创新的外部因素时，本章引入"互动式创新"的概念。从冯·希佩尔（Von Hippel，1988）、德·布列松和艾姆塞（DeBresson and Amesse，1992）的企业创新网络到伦德瓦尔等人（Lundvall et al.，1992）的互动式创新体系，再到切斯布罗格（Chesbrough，2003）的开放式创新（Open innovation），都对过去仅依靠内部力量的创新模式进行了拓展。互动式创新理论认为，在当前经济全球化和信息技术时代，企业创新应同时利用内部和外部两种资源和渠道。其中，外部创新源既包括客户，也包括科研院所、竞争对手、供应商、经销商，乃至网络，等等。特瑟（Tether，2005）发现，服务企业倾向于外部资源互动的方式，如与上游企业和下游客户的互动来获取创新能力。莱波宁（Leiponen，2005）的研究也支持这一观点，在对芬兰商务服务企业的调查中，她发现从外部获取的知识，尤其是从客户和其他竞争企业获取的知识，有助于提高创新的概率和广度。因此，本章引入四个代表外部创新驱动力的指标，分别是客户企业、科研院所、国外力量和同行竞争企业。问卷中回答"客户企业参加设计研发或帮企业培训员工？"的企业占21.4%，"与别的企业共同研发"以及"从别的企业引进研发人员"的企业占30%，高于"与科研院校合作"（14.5%）和"国外企业帮助"（19.7%）。希望借此发现客户企业和竞争企业有助于服务企业创新的证据。

4.4

数据来源与模型设定

4.4.1 数据来源

昆山市（县级市）地处上海和苏州城区之间，地理位置优越，交通网络发达，是"苏州模式"的一个典型：利用区位优势，吸引外资发展出口加工制造业，在此基础上形成配套的服务业体系。该市政府委托南京大学在2011年进行"昆山产业转型升级之路"的研究调查活动。调查发放服务业主要行业（未涉及住宿餐饮类）企业问卷463份，得到有效样本117个。问卷设计上，企业的基本信息属于财务报表的公开信息，而服务创新研发以及人力资源

① 王博：《软件外包死局》，载《计算机世界》2011年第42期。

等问题，多以"是/否"的形式来设计，从而获得了较为准确的结果。以昆山市为研究对象具有一定的代表性和特殊性：首先，从表 4 - 1 可以看出，样本结构和全国服务业企业分布大致接近；其次，昆山先进制造业与周边服务业共生的事实具有一定的特殊性，本章因此强调服务企业的互动式创新。

表 4 - 1 　　　　　　　样本企业、昆山、全国行业增加值比重　　　　　　单位：%

	交运仓邮	信息软件	批发零售	金融	房地产
样本（2010 年）	20（21.4）	13.4（17.9）	36.4（30.8）	1.9（3.4）	32.2（11.9）
昆山（2009 年）	9.6	5.1	24.5	10.5	17.5
全国（2008 年）	12.5	6.0	19.9	11.3	11.2
	商务服务	科研服务	水环公管	其他	
样本（2010 年）	1.1（1.7）	1.0（2.6）	0.5（2.6）	3.9（17.1）	
昆山（2009 年）	6.7	0.6	0.8	17.4	
全国（2008 年）	4.3	3.0	1.0	25.6	

注：样本企业行业增加值比重即样本行业销售收入占样本企业销售总收入之比；括号中为企业数占样本总数的比重。

样本企业的创新情况如表 4 - 2 所示。在新业务销售收入、专利数这两个衡量创新绩效的指标中，交运仓邮业和信息软件业的创新程度较高，批发零售、金融、房地产和商务服务业的创新程度较低；在创新活动指标中，服务创新的频率明显变高，不仅交运仓邮业和信息软件业依旧创新程度较高，而且创新程度较低的批发零售、金融、房地产、商务服务业也有所提高。这表明创新绩效和创新活动指标有较大的相关性。表 4 - 2 还有一个显著的特点是，任一行业的服务企业，选择"质量改进"作为创新活动的比率均高于其他两种，这佐证了渐进式创新是服务业创新特点的论证。

表 4 - 2 　　　　　　　　　　样本企业创新概况

行业	创新绩效		创新活动			总数
	业务	专利	产品创新	流程创新	质量改进	
交运仓邮	1（4%）	4（16%）	16（64%）	19（76%）	20（80%）	25
信息软件	7（33%）	4（19%）	16（76%）	10（48%）	20（95%）	21
批发零售	7（19%）	0	10（28%）	12（33%）	21（58%）	36
金融	0	0	1（25%）	1（25%）	1（25%）	4
房地产	1（7%）	0	4（29%）	6（43%）	8（57%）	14
商务服务	1（50%）	0	1（50%）	1（50%）	1（50%）	2

行业	创新绩效		创新活动			总数
	业务	专利	产品创新	流程创新	质量改进	
科研服务	1（33%）	1（33%）	2（67%）	1（33%）	2（67%）	3
水环公管	1（33%）	2（67%）	2（67%）	1（33%）	3（100%）	3
其他	4（20%）	2（10%）	9（45%）	7（35%）	16（80%）	20
合计	18（15%）	12（10%）	54（46%）	51（44%）	84（71%）	117

4.4.2 模型设定

运用生产函数（$Y = AK^{\alpha}L^{1-\alpha}$）来测度创新对生产率的影响，将等式两边同除以 L 得到：

$$\ln(Y/L)_i = \alpha + \alpha_1 I_i + \alpha_2 C_i + \alpha_3 \ln(K/L) + \varepsilon_i \qquad (4.1)$$

其中，I_i 是衡量企业 i 创新的指标，C_i 是一系列控制企业特征的指标。鉴于方程右式包含 K/L（人均资本量），方程左式的生产率（Y/L）具有全要素生产率的含义。

由于样本非随机抽取，需要考虑可能出现的选择性偏误（Selection bias）。如生产率高的企业比生产率低的企业更有可能创新，且创新数据更愿意公开而容易得到。如果存在这种自我选择现象，那么仅以搜集到的数据估计创新对生产率的影响就未必准确。为此，海克曼（Heckman）提出了一种方法校正非随机样本偏误的估计值，通过控制选择性偏误以纠正内生性问题，该方法也被称为 Heckit 模型。此外，该方法的另一个优点是识别影响服务创新的因素。本章使用的这种方法包括三个阶段：第一阶段，构造一个创新决定因素的 Probit 概率模型，模型的因变量是一个根据创新投入得到的哑变量；第二阶段，将第一阶段预测出的创新概率代入原模型（即控制选择偏误），进行 OLS 回归，估计出创新强度；第三阶段，使用第二阶段估测的创新强度，代入生产函数进行回归。

第一阶段：

$$I_i = \begin{cases} 1 & \text{if} \quad I_i^* > 0 \\ 0 & \text{if} \quad I_i^* = 0 \end{cases} \qquad (4.2a)$$

$$\Pr(I_i = 1) = \Pr(z'\gamma + u_{2i} > 0) = \Phi(z'\gamma) \qquad (4.2b)$$

第二阶段：

$$I_i^* = x'\beta + u_{1i} \qquad\qquad (4.3)$$

其中，两式误差项满足均值为 0 的二元正态分布，$(u_{1i}, u_{2i}) \sim N (0, 0, \sigma_1^2, 1)$。式（4.2b）是表示企业创新影响因素的模型，即选择方程（Selection equation）。式（4.3）是解释创新程度的模型，即回归方程（Regression equation）。I_i 是一个表示企业是否创新的哑变量，如果企业有新业务收入或专利，则认为进行了创新活动，取 1，反之取 0。I_i 由 z 代表的一系列因素决定。I^* 是衡量创新强度的隐性变量，由 x 代表的一系列因素决定。

第三阶段：将式（4.3）中 I^* 的估测值（$\hat{I}_i$）作为指标代入式（4.1），得到：

$$\ln(Y/L)_i = \alpha + \alpha_1 \hat{I}_i + \alpha_2 C_i + \alpha_3 \ln(K/L) + \varepsilon_i \qquad\qquad (4.4)$$

以上方法适用于非哑变量表示的创新指标。如果用哑变量表示创新（产品创新、流程创新、质量改进三个），由于值仅有 0 和 1，前两个阶段被合并：第一阶段，建立企业创新活动决定因素的三变量 Probit 模型（Trivariate probit），估计出企业的创新活动概率。因为在同一企业内影响企业创新的因素是相同的，企业创新活动决定方程的误差项服从三元正态分布（Trivariate normal distribution），将三个方程纳入一个系统考虑；第二阶段，用估计出的创新活动概率代替式（4.1）的 I_i 进行回归。

4.5
实证结果与分析

首先计算各变量之间的相关系数矩阵，发现大部分变量间相关性不高，即不存在严重的多重共线性（篇幅所限略）。即使是"接受服务外包"和"出口"两个看似相关的指标，相关性也只有 0.05；"企业规模"指标与不少指标的相关性在 0.4 左右，因此在回归时并未全部出现。其次，为对比知识密集型和非知识密集型服务业创新的特点，我们进行分类回归。本书所定义的知识密集型企业，是指大专以上员工占比大于样本均值的企业，非知识密集型企业则是余下的低于均值的企业。需要指出的是，由于使用的是横截面数据，尽管问卷设计将滞后因素考虑在内（例如问题是对企业过去的创新活动提出的），并且也控制了内生性，在解释结果时，不能肯定两个变量之间存在因果关系，只能说它们存在相关性。

4.5.1 基于创新绩效的估计结果

表4-3和表4-4呈现了式（4.2b）和式（4.4）的估计结果①。

表4-3 式（4.2b）关于创新影响因素的回归结果

变量	新业务			专利		
	Services	KIS	Less-KIS	Services	KIS	Less-KIS
1. 企业特征						
企业年龄	-0.0438 (0.0742)	-0.0751 (0.106)	-0.515* (0.297)	-0.0254 (0.0448)	-0.0371 (0.0897)	0.00376 (0.0593)
出口	1.594* (0.899)	1.901* (1.013)	-0.384 (4.435)	0.579 (0.805)	12.32 (1,801)	-2.080 (4.482)
技术水平	-3.136 (2.302)	-3.517 (3.149)	-33.20 (41.12)	0.614 (1.707)	7.329* (3.800)	-11.66* (6.450)
2. 经费来源						
银行	1.036 (0.868)	-13.03 (2,145)	6.730 (710.6)	0.176 (0.810)	-5.735 (1253)	-3.951 (697.6)
政府	1.699** (0.676)	2.075*** (0.796)	-7.598 (710.6)	1.618** (0.682)	0.673 (0.803)	8.063 (620.2)
风险投资	-0.513 (0.985)	7.221 (1280)	8.378 (710.6)	4.504 (564.4)	4.392 (2627)	1.964 (1437)
股权融资	2.249** (0.975)	-12.91 (2079)	17.70 (3752)	6.108 (576.9)	-0.173 (2577)	9.191 (2779)
3. 互动网络						
科研机构	0.911 (0.641)	0.527 (0.842)	7.610 (8.121)	0.371 (0.532)	-0.818 (0.825)	10.33 (977.1)
外资	-0.633 (0.741)	-0.536 (1.011)	-4.674 (710.6)	-0.716 (0.614)	-1.542 (0.937)	3.139 (697.6)
客户	1.389** (0.605)	0.568 (0.905)	2.007 (1.375)	1.497*** (0.537)	0.538 (0.952)	3.225* (1.656)
对手	0.762 (0.550)	-0.0600 (0.730)	1.140 (1.407)	0.568 (0.448)	6.965 (1253)	0.591 (0.688)
行业哑变量	YES	NO	NO	YES	NO	NO
常数项	-3.324*** (1.190)	-1.150 (0.813)	-0.0285 (0.987)	-1.031 (0.815)	-0.642 (0.796)	-1.123** (0.530)
样本数	117	47	70	117	47	70

注：括号内为标准差，***p<0.01，**p<0.05，*p<0.1，下同。

---

① 囿于篇幅，省略了式（4.3）的估计结果。式（4.3）中决定创新强度的变量是：企业年龄、出口、规模、技术密集度以及代表外部互动因素的四个变量。

表 4 – 4　　　　　　式（4.4）关于创新对生产率影响的回归结果

（因变量为 ln（Y/L））

变量	新业务			专利		
	Services	KIS	Less-KIS	Services	KIS	Less-KIS
Ln（K/L）	0.217 *	0.645 ***	0.180	0.219 *	0.645 ***	0.180
	(0.126)	(0.160)	(0.200)	(0.126)	(0.160)	(0.200)
出口	0.827	0.0161	− 4.243	0.844	0.0611	1.578
	(0.688)	(0.976)	(12.55)	(0.689)	(0.978)	(2.125)
企业规模	− 0.00013	− 0.00937	− 0.00915	− 2.69e − 05	− 0.0118	0.00045
	(0.0044)	(0.0202)	(0.0170)	(0.00441)	(0.0208)	(0.0075)
技术水平	0.0106	− 0.791	− 9.681	− 0.0534	− 0.788	− 4.112
	(1.080)	(1.820)	(13.98)	(1.078)	(1.819)	(2.606)
外包	− 0.642	− 0.0181	− 0.631	− 0.640	− 0.0181	− 0.631
	(0.455)	(0.432)	(0.727)	(0.455)	(0.432)	(0.727)
创新活动	0.0399 ***	0.143 **	− 14.27	0.448 ***	0.834 **	6.730
	(0.0053)	(0.0628)	(35.06)	(0.0602)	(0.366)	(16.53)
行业哑变量	YES	NO	NO	YES	NO	NO
常数项	3.367 ***	2.014 ***	8.231	3.365 ***	2.225 ***	3.633 **
	(0.606)	(0.700)	(10.03)	(0.607)	(0.774)	(1.394)
样本数	108	46	62	108	46	62
R-squared	0.503	0.396	0.129	0.504	0.396	0.129

从表 4 – 3 关于服务创新的决定因素中可以发现以下特点：

（1）企业越年轻，越有业务创新性。用新业务表示创新时，虽然不全显著，所有系数都与创新负相关。在非知识密集性行业中这种关系尤其显著，这可能是因为，非知识密集型的行业，比起知识密集型的行业，其产品生命周期长，产品更新慢，惰性较强。服务企业以客户的需求为导向，消费者的偏好在短期内很难变化，已经形成稳定客户群体的服务企业，一旦有所改变，就存在客户流失的风险。用专利来表示时，企业年龄和技术创新关联不大。

（2）企业出口越多，业务创新性越强。在用新业务表示时，这一点十分显著。我们推测，出口对创新的影响主要表现在新市场的开拓上，即出口是一种开拓新市场的表现，因此两者有一定的相关性。出口和技术创新无显著关系，也即前文提到的出口的学习效应在样本中并不明显。非知识密集型企业的出口和两种创新均关系不大。这个结果可能因为，服务业中非知识密集型的行业一般是传统服务业，其产品无法分割、不可贸易，故也无可能出口。

（3）技术水平对知识密集型企业的技术创新有着显著的积极影响，但在非知识密集型企业中，技术水平越高，技术创新性越低。技术水平和业务创新间并无明显关联。

（4）得到政府扶持的企业具有较强的创新性。其中，政府扶持资金对于知识密集型企业的业务创新具有积极影响。对于非知识密集型企业，这种关系并不显著，可能是因为，政府的政策重点在知识密集型企业，非知识密集型企业得到政府扶植的机会较小。采用股权融资等方法筹措研发资金的服务企业，创新性也较强。银行贷款和风投资金未表现出对企业创新的显著关系。这个结果，一方面验证了地方政府在主导地方经济发展中的地位，另一方面，也可能存在一种自我选择的机制，即表现出创新性的企业，得到政府资助或股权融资的可能性较大。

（5）客户在互动创新网络中有重要作用。总的来说，有客户参与研发的服务企业创新性较强。非知识密集型企业依赖客户创新的程度较高。非知识密集型企业的系数分别为 2.0 和 3.2，知识密集型企业客户对创新的回归系数为 0.57 和 0.54，且不够显著。客户在互动创新中的地位正体现了服务产品的特性：消费者在生产过程中的参与。相较于非知识密集型企业，知识密集型企业（往往是生产性服务业），扮演的是促进客户技术创新、采用先进技术的角色，技术壁垒较高，更带有制造业创新的色彩：以企业内部研发为主，和互动创新网络关联较小。在知识密集型企业，竞争企业、科研院校、国外技术力量对企业创新未有显著影响。

表 4 - 4 是关于创新对生产率影响程度的回归结果。

通过表 4 - 4 可以发现：

（1）出口、规模、技术水平、外包活动等反映企业特征的变量对企业生产率未产生显著影响。其中，尽管统计意义上不显著，出口与生产率正相关，企业规模、从事服务外包活动、技术水平对生产率呈微弱的负面影响。出口与生产率的关系说明了自我选择和学习效应在样本服务企业的存在。规模与生产率的负面关系，暗示作为生产要素为人力资本的服务企业，追加人力投入反而造成生产率的小幅下降，因此样本企业很可能主要来自中低端的服务企业；正因为是中低端企业，从事服务外包活动与生产率呈现负面关系。这也许是前文所述"俘获效应"的一个佐证；而技术密集程度，也因为是中低端企业而未对生产率产生推动。

（2）创新在大多数情况下对企业的生产率有正面影响。对比用新业务和专利作为创新指标的回归结果，可以发现用专利表示的创新活动更显著地提高服务业生产率，可能是因为服务企业一旦拥有专利，则可促进服务产品的标准化生产，其拥有的知识产权垄断地位，大幅增加了收入，也增加了以收入表示的生产率。创新效应的特例是非知识密集型企业。这同样可以用非知识密集型服务业的特性来解释：消费者偏好的稳定性导致短期内非知识密集型服务企业的创新存在风险。

4.5.2　基于创新过程的估计结果

表4-5和表4-6分别呈现以创新过程衡量的估计结果。

表4-5　　　　　　　　式（4.2b）关于创新影响因素的回归结果
（因变量为哑变量（0/1））

变量	产品创新	流程创新	质量改进
1. 企业特征			
企业年龄	-0.0685（0.0444）	-0.0105（0.0446）	-0.00136（0.00251）
技术水平	-0.418（1.372）	-0.106（1.479）	-0.573（1.467）
企业规模	-0.00163（0.00290）	0.00369（0.00270）	0.00367（0.00310）
出口	0.538（0.881）	-0.416（0.784）	0.342（1.133）
服务外包	0.356（0.614）	1.237（0.764）	0.0543（0.684）
企业生产率	-0.307（0.133）**	0.0984（0.117）	-0.0800（0.117）
2. 互动网络			
客户	0.689（0.454）	0.784（0.435）*	1.333（0.591）**
对手	0.969（0.385）**	1.008（0.364）***	0.459（0.392）
科研机构	0.727（0.494）	0.0679（0.477）	-0.298（0.496）
外资	-0.335（0.486）	0.507（0.434）	-0.493（0.452）
3. 行业哑变量			
交运仓邮	1.234	1.611*	0.0371
信息软件	1.042	1.330*	0.712
批发零售	0.730	0.930	-0.228
金融	1.170	1.379	-1.016
房地产	1.536*	1.412*	0.125
商务服务	0.103	0.659	-1.243
科研服务	-0.229	-0.115	-0.509
水环公管	0.948	0.153	4.169
其他	1.194	1.376*	0.406
Atrho	0.441（0.216）**	0.547（0.264）**	0.504（0.243）**
常数项	-0.148（0.950）	-2.627（0.949）***	0.540（1.005）
样本数	117	117	117

表4-6 式(4.4)关于创新对生产率影响的回归结果（因变量为 ln(Y/L)）

变量	产品创新			流程创新			质量改进		
	Services	KIS	Less-KIS	Services	KIS	Less-KIS	Services	KIS	Less-KIS
ln(K/L)	0.217* (0.127)	0.645*** (0.160)	0.0967 (0.213)	0.224* (0.126)	0.645*** (0.160)	0.171 (0.198)	0.141 (0.128)	0.461*** (0.163)	0.113 (0.186)
出口	0.841 (0.694)	0.0414 (0.976)	0.975 (0.777)	0.882 (0.702)	0.0762 (0.981)	0.849 (1.147)	1.106* (0.628)	0.814 (0.847)	1.778* (1.010)
企业规模	-0.000149 (0.00443)	-0.00982 (0.0205)	-0.00440 (0.00281)	-0.000434 (0.00438)	-0.0106 (0.0204)	-0.00243 (0.00329)	0.00132 (0.00431)	-0.00626 (0.0175)	0.00117 (0.00319)
技术水平	-0.0173 (1.080)	-0.799 (1.839)	2.573 (2.337)	-0.106 (1.055)	-0.905 (1.835)	-4.418 (3.014)	-0.0417 (1.091)	-0.191 (1.477)	-1.759 (3.074)
服务外包	-0.650 (0.458)	-0.0187 (0.434)	0.244 (0.540)	-0.842* (0.454)	-0.149 (0.435)	-0.651 (0.798)	-0.520 (0.423)	0.212 (0.380)	-0.632 (0.622)
创新活动	0.0132*** (0.00428)	0.00606 (0.00409)	-1.154*** (0.228)	0.110*** (0.0226)	0.0584** (0.0258)	0.00885 (0.263)	-0.491 (0.329)	-0.631** (0.230)	-0.727** (0.277)
行业哑变量	YES	NO	NO	YES	NO	NO	YES	NO	NO
常数项	3.396*** (0.610)	2.127*** (0.750)	3.528*** (0.491)	3.593*** (0.594)	2.189*** (0.745)	4.184*** (0.596)	3.553*** (0.628)	2.824*** (0.813)	4.484*** (0.503)
样本数	108	46	62	108	46	62	108	46	62
R-squared	0.498	0.393	0.479	0.506	0.400	0.127	0.514	0.535	0.245

通过表4-5可以发现：

（1）企业年龄与三种创新形式有不显著的负面关系，这和表4-3的结果一致。然而，技术水平与三种创新存在一定的负面关系。规模、出口与外包对创新的影响均不明显。引人注意的是生产率与产品创新的负面关系，以及它与质量改进之间的弱负相关性。这表明，绩效较好的企业，似乎某种程度上存在着一定的惰性。

（2）互动式创新正逐渐成为服务企业创新的主要方式。客户在服务的生产流程和质量改进中的作用越来越重要。客户对流程创新的影响系数为0.784，对质量改进的系数提为1.333，而客户对产品创新没有显著影响，说明客户在服务创新中的作用是渐进式的。从同行和其他竞争企业吸取创新资源也对产品创新和流程创新有显著的正面作用。科研院校和国外企业的创新资源对企业创新活动没有显著影响。该结果支持了特瑟的结论：服务业企业不像制造业企业那样以内部研发和科研院所合作作为主要的创新方式（陈劲，2009），在服务业中，客户的作用更加重要。

（3）倾向于流程创新的行业有交运仓邮、信息软件、房地产业及其他行业。倾向于产品创新的是房地产业。虽然大部分服务企业都进行质量改进，但并未表现出显著的行业特征。

从表4-6可推断如下结论：

（1）与表4-4类似，出口、规模、技术水平、外包活动等反映企业特征的变量对企业生产率的作用不明显。出口的系数为正，而服务外包的系数为负，这与表4-4的结果也是一致的。

（2）产品创新对服务企业生产率具有促进作用，但对于非知识密集行业来说，产品创新反而不利于生产率提高，这依旧有可能与行业性质有关，即非知识密集服务业的产品周期相对较长。流程创新对服务企业生产率的促进较为明显，不管是知识密集型企业还是非知识密集型企业，都可以观察到这种关系。而质量改进对所有企业都有负面影响。这可能是因为：对于有些服务行业来说，质量改进意味着更加细致的服务，因此在等同时间内提供的服务数量变少，生产率在同一时间内有可能下降；尽管随后销售收入可能因为质量改进而上升，但数据的限制使我们难以观察到。这就是说，创新效应具有一定的滞后性。

4.6
结论与进一步的讨论

借助苏州昆山的服务业企业样本，本章将服务企业分为知识密集型和非知识密集型，并综合利用多种创新指标，实证了服务企业创新的决定因素以及创新对生产率的影响。对不同类型的服务业和不同的创新方式，实证结果存在差异化，主要结论如下：

（1）创新决定因素方面：政府资金、客户推动与企业的创新成果（新业务收入占比、人均专利数）正相关，特别是外部创新源，如客户、竞争对手与服务企业的互动对其创新起显著的促进作用；交运仓邮、信息软件、房地产业等倾向于流程创新，而在质量改进和产品创新方面，则没有明显的行业倾向性，同时，即使生产率较高的企业，在产品创新方面的能动性也不强；此外，出口与企业创新正相关，服务外包与企业负相关，然而缺乏统计学意义。

（2）创新对服务企业生产率影响方面：在大多数情况下创新对服务企业，特别是知识密集型的生产率有显著正面影响，但对非知识密集型服务业影响不显著或者为负；从创新绩效看，创新对知识密集型企业的作用显著，对非知识密集型企业的作用不显著；从创新过程看，产品创新对知识密集型企业的作用不明显，对非知识密集型企业的作用甚至显著为负。此外，流程创新能够提高各种类型的服务企业的生产率；以质量改进为手段的创新，对于知识密集型和非知识密集的服务企业的生产率有显著的负面影响。

对以上研究发现，我们从三个方面进行反思和进一步阐释：

（1）互动式创新对服务创新的影响。服务企业提供的是一个双方互动学习、互相补充的过程，服务企业创新在很大程度上是由供应商的服务企业和作为客户的消费者或企业共同决定。这是一个复杂的知识传递过程，服务企业一方面提供服务、传播知识，另一方面也在生产中学习、吸收知识，从某一客户那里吸收的知识也会被应用于其他客户，从而形成创新。服务企业服务于客户，并依赖于客户，两者是一种"共生"的关系，类似地，竞争对手、政府等对服务企业创新都有重要影响。技术创新由早先简单的线性模式向当今复杂网络模式转变，不仅体现在制造业，更体现在服务业创新中。这是本章的一个重要发现和特别强调之处。

（2）服务业的行业特殊性对结果的影响。行业特殊性有两个含义，一是相对于制造业，服务业的特殊性；二是知识密集型服务业与非知识密集型行业的特殊性。为此，我们对异常结果的分析如下：一是关于以质量改进为手段的创新对服务业生产率负面影响的结果，可能是服务业不同于制造业特殊性的体现。具体来说，服务的质量改进，有可能是指更专业化的服务，即在相同时间内提供的服务数量变少（例如从服务两位顾客改进到只服务一位），而这在数值上难以体现。二是关于创新对不同类型服务业差异化影响效果的结果，可能是两类服务行业特殊性的体现。创新对知识密集服务业效率的提升容易理解，而对非知识密集型业的效应或者为负（如产品创新），或者不显著（业务或专利表示的创新），这可能是因为，非知识密集型行业多为传统服务行业，属于产品生命周期成熟期，客户也相对稳定，创新意味着改变，而客户的偏好是相对稳定的，在短期内流失的客户使企业收入下降（disruption effects），从而影响生产率。曼苏利和拉夫等人对北爱尔兰、美国服务业的实证研究结论也类似——短期内服务创新对生产率具有不显著或者负面的效应。

（3）样本的特殊性对结果的影响。昆山是一个以先进制造业为主的县级城市，同时距离上海和苏州都非常近，区域经济，特别是服务业发展有其独特性：一是与制造业相关的生产性服务业有较强大的基础，但高端生产性服务业未必在昆山，而可能在上海或苏州，本书的知识密集型服务业实际上可能更多是中低端型的，因而像出口、承接服务外包等特征性变量对知识密集型服务业影响不够显著（如回归系数多缺乏统计学意义）；二是因为经济地理位置决定了昆山的消费性服务业难以发达（多为非知识密集型服务业），昆山更像一个巨大的加工制造车间，因而多种创新活动指标对非知识密集型服务业的作用都不够显著，甚至是负面作用，如果问卷对象是北京或上海这样的国际化大都市，则未必会出现本章的结果。

最后，有限的样本导致本章结论可能有一定的局限性，未来研究可选择更多时间和空间范围内的微观样本，以更全面地探析服务创新的决定因素及其对服务业生产率的影响；同时，突出研究服务企业与客户企业、竞争企业互动创新的条件、机理和方式，以求更深入地甄别服务业与制造业创新的异同点，拓展服务创新理论。

参考文献

1. 陈劲：《知识密集型服务业创新的评价指标体系》，载《学术月刊》2009年第4期。

2. 蔺雷、吴贵生：《服务创新》（第二版），清华大学出版社2007年版。

3. 刘建兵、柳卸林：《服务业创新体系研究》，科学出版社2009年版。

4. 刘志彪、张杰：《我国本土制造业企业出口决定因素的实证分析》，载《经济研究》2009年第8期。

5. 张杰、刘志彪、郑江淮：《出口战略，代工行为与本土企业创新》，载《经济理论与经济管理》2008年第1期。

6. Barras, R., Towards a theory of innovation in services. Research Policy, 1986. 15 (4): pp. 161 – 173.

7. Chesbrough, H. W. , Open innovation: The new imperative for creating and profiting from technology. 2003: Harvard Business Press.

8. DeBresson, C. and F. Amesse, Networks of innovators: a review and introduction to the issue. Research Policy, 1991. 20 (5): pp. 363 – 379.

9. Den Hertog, P. , Knowledge-intensive business services as co-producers of innovation. International Journal of Innovation Management, 2000. 4 (04): pp. 491 – 528.

10. Gallouj, F. and M. Savona, Innovation in services: a review of the debate and a research agenda. Journal of Evolutionary Economics, 2009. 19 (2): pp. 149 – 172.

11. Gallouj, F. and O. Weinstein, Innovation in services. Research Policy, 1997. 26 (4): pp. 537 – 556.

12. Heckman, J. J. , Sample selection bias as a specification error. Econometrica: Journal of the econometric society, 1979: pp. 153 – 161.

13. Hipp, C. , S. T. Bruce, and I. Miles, The incidence and effects of innovation in services: evidence from Germany. International Journal of Innovation Management, 2000. 4 (04): pp. 417 – 453.

14. Kline, S. J. and N. Rosenberg, An overview of innovation. The positive sum strategy: Harnessing technology for economic growth, 1986. 14: p. 640.

15. Leiponen, A. , Organization of Knowledge and Innovation: The Case of Finnish Business Services. Industry and Innovation, 2005. 12 (2): pp. 185 – 203.

16. Lin, L. , The impact of service innovation on firm performance: evidence from the Chinese tourism sector?. The Service Industries Journal, 2012: pp. 1 – 34.

17. Love, J. H. , S. Roper, and N. Hewitt-Dundas, Service Innovation, Embeddedness and Business Performance: Evidence from Northern Ireland. Regional Studies, 2010. 44 (8): pp. 983 – 1004.

18. Lundvall, B. -Å. , et al. , National systems of production, innovation and competence building. Research Policy, 2002. 31 (2): pp. 213 – 231.

19. Mansury, M. A. and J. H. Love, Innovation, productivity and growth in US business services: A firm-level analysis. Technovation, 2008. 28 (1 – 2): pp. 52 – 62.

20. Masso, J. and p. Vahter, Exporting And Productivity: The Effects of Multi-Market And Multi-Product Export Entry. 2011, Faculty of Economics and Business Administration, University of Tartu (Estonia).

21. Quinn, J. B. , Inteligent enterprise: a knowledge and service based paradigm for indurstry. 1992.

22. Sundbo, J. and F. Gallouj, Innovation as a loosely coupled system in services. International Journal of Services Technology and Management, 2000. 1 (1): pp. 15 – 36.

23. Tether, B. S. , Do Services Innovate (Differently)? Insights from the European Innobarometer Survey. Industry and Innovation, 2005. 12 (2): pp. 153 – 184.

24. Von Hippel, E. , The sources of innovation. University of Illinois at Urbana-Champaign's Academy for Entrepreneurial Leadership Historical Research Reference in Entrepreneurship, 1988.

附录

创新变量

- 人均专利数：2010 年专利数/员工人数
- 新业务收入占比：2010 年新业务销售收入/总销售收入
- 流程创新：哑变量，来自问题"企业在对服务做更新或升级换代时是否进行了服务流程改造或服务过程信息化改造？"如回答是，则值取 1
- 产品创新：哑变量，来自问题"企业在对服务做更新或升级换代时是否有开发不同类型的新服务？"如回答是，则值取 1
- 质量改进：哑变量，来自问题"企业在对服务做更新或升级换代时是否进行了质量改进或设计水平更新？"如回答是，则值取 1

企业特征变量

- 生产率：ln（Y/L），2010 年销售收入/员工人数（对数）
- 企业年龄：企业成立距 2010 年的时间
- ln（K/L）：2010 年固定资产规模/员工人数（对数）
- 出口：出口服务收入/销售收入
- 技术水平：高技术员工/总员工人数
- 企业规模：企业规模即员工人数
- 服务外包：哑变量，来自问题"是否接受国外企业的服务外包？"如回答是，则值取 1

创新经费来源

- 银行：哑变量，来自问题"银行贷款是否是新产品或技术的经费来源？"如回答是，则值取 1
- 政府：哑变量，来自问题"政府扶持资金是否是新产品或技术的经费来源？"如回答是，则值取 1
- 风险投资：哑变量，来自问题"风险投资资金是否是新产品或技术经费来源？"如回答是，则值取 1
- 股权融资：哑变量，来自问题"股权融资是否是新产品或技术的经费来源？"如回答是，则值取 1

互动创新

- 科研机构：哑变量，来自问题"是否借助科研院校等进行服务更新或升级？"如回答是，则值取 1
- 外资：哑变量，来自问题"是否借助购买国外企业服务进行服务更新或升级？"以及"研发中是否派本公司技术人员到国外企业学习或请国外企业技术人员来指导？"如回答是，则值取 1
- 客户：哑变量，来自问题"企业客户是否有参加企业服务的设计研发或帮企业培训员工？"如回答是，则值取 1
- 对手：哑变量，来自问题"是否和其他企业共同研发？"以及"研发中是否从其他企业引进关键人员？"如回答是，则值取 1

注：如果未注明时间，均为在 2010 年以前。

第5章

服务业集聚的机制及对生产率的影响
——基于需求视角的分析

  以往的集聚多在制造业中被观察到，而随着服务业在各国 GDP 中的提升，服务业的集聚特征也越来越明显了。较著名的集群有，华尔街的金融业服务集群、洛杉矶的旅游业和电影业集群以及上海陆家嘴的金融业集群，等等。相对于制造业而言，服务业的集聚甚至更加明显。那么，服务业集聚是如何形成的？与制造业集聚有什么差别？集聚是否提高了服务业生产率？这一系列问题正是本章的研究重点。与以往研究不同的是，本章强调需求在服务业集聚中的主导作用。

5.1
引　言

  早在 1890 年，马歇尔（Marshall）就指出了通过集聚促进产业发展和生产率提高的可能性。目前，产业在空间上的集聚带来的规模效应，已经是一个被充分挖掘的古老话题。集聚对生产率的积极效应已经在各种宏观和微观的研究中得到了证实（Henderson，1986；Ciccone & Hall，1996；Herdenson，2003；Kukalis，2010；Anderson & Lööf，2011）。在研究我国服务业集聚的规模效应的文献中，程大中、陈福炯（2005）描述了相对密集度与服务业劳动生产率的关系，胡霞（2007）检验了集聚对城市服务业差异的影响，童馨乐等（2009）考察了影响服务业生产率的因素，原毅军等（2011）检测了多样化集聚和专业化集聚对服务业劳动生产率的效应。

  上述文献对于集聚的外部效应均给予了肯定，但未强调服务业和制造业的差异以及这种差异对生产率的影响。服务业的需求和消费主体大多呈现本地化的特征，这就造成服务业和制造业在集聚模式上存在差异：第一，制造产品可以分割的特性使制造业可以在人口稀少的边陲地带集聚，而服务产品不可分割、生产消费一体化使服务业只能在人口密集的城镇间集聚，集聚程度比制造业更强；第二，制造业集群中的企业通常是为了降低配套成本，在投入上具有互补性，而服务业集群中的企业通常是为了降低消费者搜寻成本、获取贴近市场的溢出，在需求上具有互补性。

因此，我们认为，在分析集聚对于服务业生产率的机理时，应强调需求角度的分析。以往的分析，多从生产（供给）角度出发，如马歇尔的集聚机制理论，突出知识外溢、要素共享、供应网络等几个方面对生产率的作用机理。在解释制造业和知识密集型的生产者服务业时，说服力较强，但很难运用到本地化特征明显的服务业尤其是消费者服务业上来。例如，消费者服务业企业的集聚，并不存在所谓的前后向联系，而是存在着需求互补关系，所以生产——供应网络对生产率的促进机制失效了；消费者服务业企业，如餐饮、娱乐、住宿等，使用的是简单劳动力，对专业劳动力的要求并不如制造业企业那么高（Canina，Enz and Harrison，2005），于是，劳动力汇集的外部效应也失效了。知识外溢效应尚存一定的说服力，但对于低技术含量的某些消费者服务业来说，也没有生产服务业或制造业那么明显。

本章节的贡献主要在两个方面。首先，从需求的角度分析了集聚的作用机制，赋予服务业集聚以新的内涵，从根本上把它和制造业集聚区分开来，而以前的研究基本从供给角度来考虑这个问题。在当前推动服务业大发展以及实施扩大内需、提高居民收入占比的战略背景下，这个角度具有重要的实践意义。其次，对服务业集聚的动力、集聚影响服务业生产率的机制做了较为深入的研究，而后者在以前的研究中经常被忽略。

本章给出了需求对服务业集聚的作用模型，然后将生产和消费结合起来，得出集聚主要是通过共享也就是外溢这根杠杆来拉动生产率的结论。接下来，利用2004～2009年的省级面板数据，检验了需求层次对服务业集聚的影响，以及服务业集聚对生产率的影响，并对结果加以分析。最后是结论。

5.2
服务业集聚的机制和影响：理论分析

5.2.1 代表性的集聚理论

1. 马歇尔的集聚理论

马歇尔（1890）指出，企业在地理上的集中有三个方面的原因或者说有三个方面的优势：（1）提供了专门化的劳动力市场（labor market pooling）。"雇主们往往到他们会找到他们所需要的有专门技能的优良工人的地方去；同时，寻找职业的人，自然到有许多雇主需要像他们那样的技能的地方去。"①劳动力共享有利于企业获得更稳定的劳动供给，劳动者获得更稳定的就业机会。（2）要素投入共享（input sharing）。促进专业化的供应商网络形成，更方便地取得各种投入品。集聚的企业可以产生足够大的市场维持供应商的形成，而这些专业化的供应商又使集聚的企业更有效率。（3）知识外溢（knowledge spillovers）。"行业的秘密不再成为秘密，而似乎是公开了，孩子们不知不觉地也学到许多秘密。优良的工作受到赏识，机械上以及制造方面和企业的一般组织上的发明和改良之成绩，得到迅速的研究；如果一个人有了一种新思想，就为别人所采纳，并与别人的意见结合起来，因此它就成为更新的思想之源泉。"② 企业的集聚促进了知识的正式和非正式扩散，带来了更好的知识溢出渠道，形成了创新的力量。

马歇尔概括的三种集聚的原因又称为"马歇尔外部性"（Marshallian externality），他提供了一个分析规模经济和集聚经济微观基础的框架，后来西方学者的分析几乎都遵循着这个范式（见表5-1），对其不断丰富和发展。杜兰顿和普加（Duranton and Puga，2004）在这三个机制的基础上，进一步将其提炼为学习、匹配和分享（sharing，matching and learning）。

表5-1 集聚的微观基础

微观基础	文 献
自然优势	金（Kim，1995），艾利森和格莱泽（Ellison and Glaeser，1999）
投入品共享	霍姆斯（Holmes，1999）
劳动力市场汇集	戴蒙德和西蒙（Diamond and Simon，1990），卡恩和戈斯塔（Kahn and Costa，2000）
知识外溢	谢斐等（Jaffe et al.，1993），劳赫（Rauch，1993），莫雷蒂（Moretti，2002）
本地市场效应	戴维斯和韦恩（Davis and Weinstein，1999）
消费	田渊和吉田（Tabuchi and Yoshida，2000），沃德佛格（Waldfogel，1999）
寻租	阿德斯和格莱泽（Ades and Glaeser，1995），汉德森（Henderson，2003）
多种渠道	罗森塔尔和斯塔兰奇（Rosenthal and Strange，2001）

资料来源：Rossi-Hansberg（2012）。

①② 马歇尔：《经济学原理》，商务印书馆1964年版，第281页。

2. 克鲁格曼的集聚理论

新经济地理的代表人物克鲁格曼（1990，1998）将地理因素概括进经济活动之中。他认为向心力导致企业地理上的集中，而离心力导致企业地理上的背离（见表5-2）。向心力主要源自马歇尔的外部经济的集聚理论：第一，较大的市场规模创造了上下游的前后向联系（即马歇尔的要素共享）。因为规模经济可以带来收益增长和较低的运输成本，企业喜欢选择在有大量需求的地方。有较大本地需求的市场支撑了各种中间产品的生产，并且降低了下游生产者的费用。第二，劳动力市场容量。产业的集聚形成了较大的专业技术劳动者市场，企业很容易招聘到专门的工人，而工人也很容易更好地工作。第三，知识和信息的流动创造了外部性。这三个外部经济的来源形成了空间集聚的向心力。而空间集聚的离心力是：第一，不可移动的要素。这种要素首先是自然资源和土地资源，其次是人（劳动力或消费者）。从供给方面看，它们影响着生产的集中；从需求方面看，分散的要素导致分散的市场，而有些产品倾向于在靠近消费者的地区集中。第二，经济活动的集中催生了对土地的大量需求，上涨的地租又形成了空间集聚的离心力。第三，集聚或多或少地产生了拥挤等外部不经济现象。

表5-2　　　　　　　　　　　导致地理集中的力量

向心力	离心力
市场规模效应（上下游联系）	不可移动的要素
劳动力市场容量（thick labour markets）	地租
外部经济	外部不经济（external diseconomies）

资料来源：Krugman（1998）。

3. 波特的集聚理论

波特在他的《国家竞争优势》（1990）一书中对基于产业集群的国家竞争优势进行了研究。他认为，国家获得竞争优势的关键在于产业的竞争，而产业的竞争又是由于产业的集聚发展造成的。在解释一个国家某种产业具有竞争力的原因时，他使用了钻石模型（见图5-1）。这个模型描述了影响竞争力的四种基本因素：（1）要素条件。一个国家在某产业生产要素方面的表现，如人力资源、自然资源、资本资源、基础设施等，这种条件不一定是物质的，也有可能是一系列有利于新企业形成的经济条件。（2）需求条件。该国市场对该产业的服务和产品的需求如何。需求情况能够影响集群演化，但它们也有互相影响的关系。（3）相关产业。产业的上下游是否具有竞争力，是否能够促进集聚的企业进化以及维持它们的竞争优势。例如，在创新经济的环境下，这种因素表现为生产发明新技术的大学和研究机构。（4）企业的战略、结构和竞争。企业的战略、组织和竞争环境是否有利于企业创新和提高。再加上政府和机会两个辅助因素，四个基本因素和两个辅助因素构成了钻石模型。

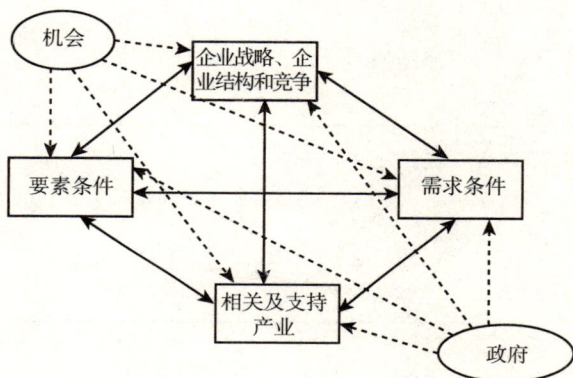

图 5-1　波特的钻石模型

从波特的钻石模型中可以发现，影响一国竞争优势的几个因素是互相作用、互相增强的，只有在每个要素都有积极表现的情况下，才能培养出促进企业创新和发展的环境。因此，地理上的集中是钻石模型中每个要素都具备的含义。集聚带来的竞争压力提高了竞争参加者的创新能力，集聚形成的产业集群整合了四个基本要素，从而更容易相互积极影响，产生了生产率和创新方面的优势，最后形成某产业的国家竞争优势。

4. 动态的演化集聚理论

马歇尔、克鲁格曼和波特的集聚理论都认为，企业从集聚带来的三种外部经济中受益。而最近的演化理论在考虑了时间因素之后，认为集聚经济的收益递增或递减取决于时间，尤其是产业生命周期的演化。因此，集聚的正面效应不会无限期存在。波特和瓦茨（Potter and Watts，2011）将产业生命周期和集聚演化理论（Evolutionary Agglomeration Theory，EAT）结合，设计了一个集聚生命周期（Agglomeration Life Cycle，ALC）模型。在产业生命周期的末期，产业集群因为各种收益递减呈现出衰退的态势。他们研究了当初 Marshall 考察集聚经济的地区（南约克郡周边及谢菲尔德城），令人惊讶的是，这个地区如今已经衰落为欧洲最贫困的地区之一。具体来说，集聚的生命周期有四个阶段

（见图 5 - 2）：萌芽期（embryonic stage）、成长期（growth stage）、成熟期（mature stage）和衰落期（decline stage）。

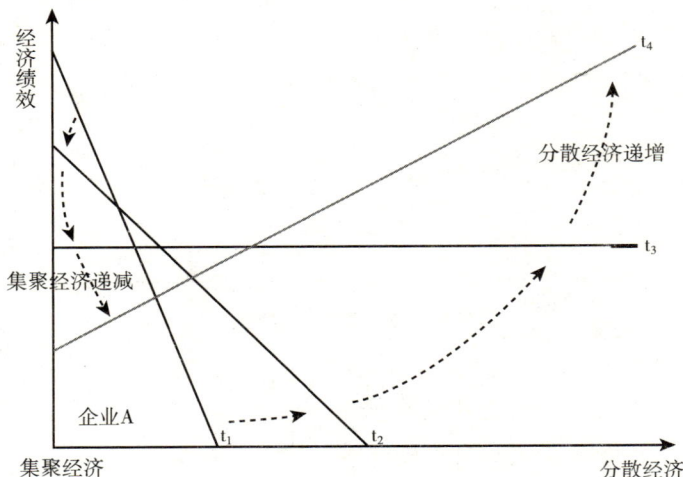

图 5 - 2　集聚生命周期模型

图 5 - 2 中，集聚经济指的是向心力，分散经济指的是离心力，而 Y 轴代表的是企业从中得到的回报。$t_1 \sim t_4$ 分别代表了生命周期的四个阶段。企业 A 在 t_1，t_2 时收益递增，集聚经济规模扩大，规模收益递增；在 t_3 成熟期时，集聚的规模收益不变；在 t_4 衰落期时，集聚的规模收益递减。在萌芽和成长期，马歇尔的外部性发挥优势；当产业集聚发展到一定程度，知识的编码化（knowledge codification process）、自然选择（natural selection）、研发战略转变（research shift）和洗牌（shake-out）等现象就会发生，使不少企业收益递减，产业内企业大规模洗牌，进入企业变少、成长迟缓，因而产业发展速度变慢。最终，由于竞争、拥挤、产品替代、各种外生冲击的影响，集聚开始进入衰退阶段，马歇尔的外部性变成了马歇尔的负外部性。

5.2.2　基于需求的服务业集聚

现有的集聚理论多是以制造业为思维模板，很少考虑服务业，也就忽视了服务业集聚和制造业集聚的差异。首先，商品的生产要素包括人力资本和物质资本，服务的生产要素主要是人力资本，服务的消费者也是服务的生产者。与商品的生产要素比较，商品的生产程序可以分割，商品的生产要素流动也较为方便；自然人移动付出的成本较大，服务的生产和消费是一体化的，生产者和消费者需要密切而频繁的接触。因此，制造企业可以远离消费者在人口稀少的地区集中，但服务企业将与消费者向同一方向集中，集中地也是人口集中地。其次，制造企业集聚通常是为了降低产品的配套成本，共享专业化的供应商网络，在投入上具有互补性。而服务企业主要投入是劳动力，它们集聚通常是为了获取贴近市场的益处、降低消费者搜寻成本，在需求上具有互补性。

可以看出，在服务企业的集聚中，需求起了主导作用。虽然马歇尔的外部性包含了需求层面的内容，但很多学者在研究时，依然假定研究产业是制造业，这就使文献偏重于强调生产层面的集聚经济。下面本章将从需求角度分析服务业集聚的动因和优势。我们借用了迪克斯特和斯蒂格利茨（Dixit-Stiglitz）的垄断竞争模型来说明基本思想：服务产品市场是垄断竞争的市场。为了迎合消费者希望增加服务产品种类和减小购买成本的心理，企业的选址靠近消费者以最大化利润。聚集地消费者人数越多，企业利润就越大。假定存在一个城市，所有消费者都聚集在城市中心区域（Central business district），用 i 表示，$i = 1, \cdots, M$。经济中存在两种类型的产品：服务产品 Z 和物质产品 X。服务行业 Z 中有 N 个生产差异化服务产品的企业，用 j 表示，$j = 1, \cdots, N$。Z 行业中生产服务的数量等于 N。服务产品 j 不可运输，只在企业所在地提供。消费者消费服务产品必须移动，移动需要付出通勤费用。消费者消费产品 j 的通勤费用是生产产品 j 的企业距离市中心区域 r_j 的线性函数 tr_j。进一步假定：M 个消费者完全相同，物质产品的价格为 1。服务企业集聚的过程分为两个阶段，第一阶段，企业决定地址，即距市中心的距离 r_j。第二阶段，在企业地址给定的情况下，消费者和企业同时生产、消费产品。根据逆向递推法，第二阶段，对于一个任意消费者 i 的效用最大化问题是：

$$\max \ U = X^\alpha Z^{1-\alpha} \quad s.t. \ X + \sum_{j=1}^{N} p_j z_j = W - T \tag{5.1}$$

其中，$Z = \left[\sum_{j=1}^{N} z_j^{(\sigma-1)/\sigma} \right]^{\sigma/(\sigma-1)}$；$p_j$ = 服务产品 j 的价格；z_j = 消费产品 j 的数量；$T = \sum_{j=1}^{N} tr_j$；W = 消费者收入。求解该最大化问题可得：

$$X^* = \alpha [W - T] \tag{5.2}$$

$$z_j^* = (1 - \alpha)(W - T) p_j^{-\sigma} \left(\sum_{k=1}^{N} p_k^{1-\sigma} \right)^{-1} \tag{5.3}$$

定义价格指数 $q \equiv \left[\sum_{k=1}^{N} p_k^{1-\sigma} \right]^{1/(\sigma-1)}$，则可以写作：

$$z_j^* = (1 - \alpha)(W - T)/p_j^\sigma q^{1-\sigma} \tag{5.4}$$

倘若所有产品的价格相同，$p_1 = p_2 = \cdots = p_N = p$，则式（5.4）进一步

写作：

$$z_j^* = (1-\alpha)(W-T)/pN \tag{5.5}$$

将式（5.5）代入效用函数表达式，可得最大效用 U^*：

$$U^* = \alpha^\alpha (1-\alpha)^{1-\alpha}(W-T)N^{(1-\alpha)/(\sigma-1)}/p^{1-\alpha} \tag{5.6}$$

由式（5.6）：$\partial U^*/\partial N > 0$，表明了消费者对服务产品多样性的偏好。

再来讨论企业。由于服务产品的生产和消费同时发生，时间、空间都不可分割，企业无法事先决定产量，只能设定价格。服务产品间的差异化使企业不直接与其他企业展开竞争，而是以垄断方式行动。正如波特（1985）所言："产品差异化使企业能够设定高价，"当不存在地租时，企业 j 的利润最大化问题是；

$$\max_p \pi_j = (p_j - c_j)\sum_{i=1}^{M}z_i^* - F_j - R(r_j^*) \tag{5.7}$$

其中，c_j = 生产 j 产品的边际成本；F_j = 生产 j 产品的固定成本；$R(r_j)$ 是表示地租的减函数。

因为消费者是完全相同的，所以 $\sum_{i=1}^{M}z_j^* = Mz_j^*$。将式（5.6）代入式（5.7）并求解一阶条件可得均衡价格：$p_j^* = c_j + 1/(\sigma+1)$。即每个服务企业将价格设定在略大于边际成本处。

将均衡解代入式（5.7），可得均衡利润：

$$\pi_j^* = (1-\alpha)MW/(1+\sigma)\left(c_j + \frac{1}{1+\sigma}\right)^\sigma q^{1-\sigma} - F_j - R(r_j^*) \tag{5.8}$$

$\partial \pi^*/\partial M > 0$，这就是说，企业的利润随着消费者的增加而增大。这可以认为是集聚对企业生产率的促进机制。

第一阶段，企业选址。假定企业有两个选择，即选址在市中心区域以外（$r>0$）和中心区域以内（$r=0$）。选址在中心区域内需要付出地租 $R(r)$；如果企业位于市中心区域以外，则消费者通勤成本过大，假定此时 $W<T$，则消费者宁可不消费产品，也不愿意付出通勤费用，于是将地址设在中心区域以外即 $r_j>0$ 的企业利润为 $-F_i<0$，而将地址设在中心区域的企业获得利润如式（5.8）所示。只要式（5.8）大于0，第一阶段，每个企业都选择付出地租，将地址设定在离消费者零距离的地点——市中心处，这就形成了集聚。在现实中，城市空间有限，一个地点不可能存在很多企业；在有地租的情况下，企业与消费者的距离也不可能完全等于零。企业将根据自身情况在距离和利润间权衡，聚集在中心的将是那些消费者需求对距离变动敏感的高利润行

业，如高档酒店业、金融业等。这个阶段可以认为是需求对服务业企业集聚的刺激机制。

上述模型适用于消费性服务业以及大部分生产性服务业。针对服务产品可以运输的部分生产性服务业，问题有所改变。模型简化为一个阶段。消费者的最大化问题与 2.1 基本相同，只是 $T = 0$。消费者无须移动，由企业支付运输成本。企业决定价格和厂址：

$$\max_{p,r}\pi_j = (p_j - c_j) \sum_{i=1}^{M} z_j^* - F_j - R(r_j) - \tau(r_j) \tag{5.9}$$

其中，$\tau(r_j)$ 代表企业支付的运输成本，$\tau(0) = 0, \tau' > 0$。均衡状态的 p^* 与前文相同，均衡状态的 r^* 满足：$-R'(r^*) - \tau'(r^*) = 0$。即企业需要在地租和运输成本之间权衡以选择合适地点，r^* 不可能像前文一样一定等于 0。这就意味着，部分生产性服务业的集聚性可能要弱于消费者服务业。

5.2.3　基于需求的生产率影响机制

从消费者的角度看，服务业企业的集聚减少了消费者搜寻成本，比如时间和交通费用等。消费者数量大幅增加，企业利润因此而提高。这在服务产品复杂、异质程度大的情况下尤其重要，越是差异化大的产品，其搜寻所费的成本就越高（Fischer and Harrington，1996）。消费者对于服务产品有各种不同的需求，如果在同一个地点能够获取更多的差异性服务产品，就意味着消费者在付出最少搜寻成本的同时，有可能购买到更符合偏好的产品，使效用达到最大。消费者喜欢在企业较多、彼此距离较近的中心购买产品。如此一来，消费者的倾向鼓励企业在一个地点集聚，因为这样就能吸引到更多的消费者，获利的可能性高于孤立的企业。城市的商业圈、农村的集市等现象，正是因之而产生。

集聚带来的利润正是服务企业进行创新、提高生产率的源泉之一。而需求也可以直接影响企业的生产率。这指的是企业在提供服务中的"干中学"过程，是企业向消费者学习的过程。企业只有提高生产能力，改善生产质量，在生产链上尽可能熟练化、专业化、差异化，才能够跟得上数目繁多、偏好不同、变化多端的消费者需求的节拍。在服务业，需求带来的压力对生产者的促进是显而易见的。有形产品的生产一般不需消费者参与，无形的服务产品的生产，必须和消费者发生联系。消费者的质量、和服务生产者之间的互动，直接影响到服务品质和生产效率。挑剔的消费者的复杂的市场需求，培育出集聚地在产品服务上的竞争力。可以发现，具有挑剔消费者的地方，往往同时存在着高密度的集聚中心。例如，根据日本统计局数据，2010 年，日本批发零售业占国内生产总值的比重为 13.36%，而经济危机前的 2005 年，这个比重为 14.85%①。日本零售业的发达和其国家的消费者有直接关系。日本的家庭主妇不用上班，拥有大量购物时间，在经济不景气的情况下，她们既要关注产品品质和差异化，又要力求低价，并且日本人具有追求细节的特性，堪称最挑剔的客户。

从企业的角度看，集聚带给服务企业的还有需求的外溢性。正如制造业企业共享基础设施、人才、知识一样，企业可以共享其他企业对于品牌、产品的投资。集聚的企业可以最大程度地发挥广告或其他形式的投资的辐射效应，吸引更多的消费者，并且还可以从竞争对手处吸引消费者，迫使竞争更有效率。例如，被某个广告吸引来的消费者有可能在附近没有宣传的企业处消费。这种外溢是相对的，对做广告的企业来说，集聚是一种风险。消费者很容易就可以找到相似的企业替代之。在这种情况下，如果产品是有差异的，并且这种差异对消费者更加重要，在距离较远的企业提供更符合消费者偏好的服务的情况下，消费者会忽视交通成本，去较远的企业处消费。因此，为了避免直接竞争以及"搭便车"现象，集聚的服务企业通常差异化较大或呈现需求互补的特征。

虽然本章主要强调的是需求对服务业集聚的影响，但供给层面对服务业集聚同样存在影响。综合供给和需求两方面，集聚影响服务企业生产率的主要途径，也是一种"外部性"：共享。通过集聚，企业共享基础设施、劳动力、上下游供应商网络、市场信息与知识，获得了投入上的外溢，从而使生产成本下降，表现为生产率的提高；通过集聚，企业降低消费者搜寻成本，共享消费者需求，获得了需求上的外溢，消费需求的增加又刺激了生产率的提高（见表 5-3）。

表 5-3 集聚影响服务业生产率的渠道

渠道	外溢种类	举例
生产成本下降	共享投入要素	共享公共基础设施；人力资本；供应商网络；信息、知识、技术，等等
消费需求增加	共享需求	降低消费者搜寻成本，如商业圈

这种影响机制是动态的，它既是集聚的原因，也是集聚的结果。而几个代表性的集聚理论，也都可以看出两个方面的内涵。例如，波特的钻石模型可以

① 2010 年中国批发零售业占生产总值为 8.9%，美国为 11.4%。

看到各个要素的互相作用机制；克鲁格曼（1991）也指出，一旦某些偶然因素导致了集聚，集聚就可能在收益递增的情况下自我强化，出现一种滚雪球的积累过程：集聚企业享受到集聚的外部性，竞争优势增大，生产率提高，利润增加，吸引了企业进一步集聚。需求、集聚与效率之间互为因果的关系，如图5-3所示。

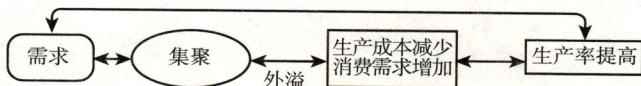

图 5-3　需求—集聚—生产率关系

根据图5-3，下文将主要检验以下两个假设：

假设A（市场需求发展水平对集聚的诱发机制）：需求发展水平越高，服务业集聚效应越大。

假设B（集聚水平对生产率的促进机制）：集聚水平越高，服务业劳动生产率越高，即集聚的外部效应越明显。

5.3
集聚的常用测度方法

5.3.1　区位商

区位商（Location Quotient，LQ），又称为专门化率。

$$LQ = \frac{e_i/e}{E_i/E}$$

其中，e_i表示区域内i行业的就业或增加值，e表示区域内的总就业或增加值，E_i表示某参考地区（通常是全国）i行业的就业或增加值，E表示该地区的总就业或增加值。若以全国为参考地区，则$LQ>1$和$LQ<1$分别代表：

$LQ>1$，表示某区域行业i的就业或增加值大于全国平均水平，该地区的行业i的集聚程度较高，具有一定的比较优势；$LQ<1$，表示某区域i行业的就业或增加值低于全国平均水平，该地区的i行业的集聚程度较低，不是该地区的重要产业。由于区位商计算方便，在测量集聚度时是最常用的指标。

5.3.2 集中系数

集中系数，又称相对密集度，指某区域的行业 i，将增加值、就业等按人口平均，与全国或全区该经济部门相应指标的比值。公式如下：

$$C = \frac{a_i/m_i}{A/M}$$

其中，C 为集中系数，a_i 为所计算某区域行业 i 的就业或增加值，m_i 为某区域的人口数，A 为全国或某区域行业 i 的就业或增加值等，M 为全国人口。集中系数可在一定程度上表示某区域的专门化部门及其在全国按人均相对指标衡量所处的地位。C 值大，表明该地区该行业按人均增加值或就业衡量，具有较高的专门化程度。程大中（2005）用该指标计算了服务业的集聚程度。

5.3.3 Herfindahl 指数（HHI）

Herfindahl 指数是衡量市场结构的指标，它是指某特定市场上所有企业的市场份额的平方和，其公式为：

$$\text{HHI} = \sum_{i=1}^{N} (X_i/X)^2 = \sum_{i=1}^{N} S_i^2$$

其中，X_i 是某地区某产业企业 i 的规模（可以用就业或增加值表示），X 为该特定市场的规模，S_i 就是企业 i 的市场占有率。Herfindahl 指数综合地反映了企业的数目和相对规模。当市场为独家垄断时，即 $X_1 = X$ 时，HHI $= 1$；当所有的企业规模相同，即 HHI $= 1/N$。产业内企业的规模越是均衡，企业数越多，HHI 越接近于 0。因此，Herfindahl 指数可以在一定程度上反映市场结构状况。同时，这一指标从侧面反映了经济活动在地理上的集中，当某产业在各地分布均匀时，HHI $= 1/N$，产业的空间分布绝对平均，当某产业完全集中在某地区时，该系数值为 1。

Herfindahl 指数对数据要求较高，一般被用来衡量垄断程度，直接用该指标测度集聚的较少，但是 Herfindahl 指数的倒数经常被用来衡量多样化集聚的程度。

5.3.4　空间基尼系数

基尼系数最初是用来衡量收入不平等的指标，克鲁格曼在 1991 年用区位基尼系数（Locational Gini Coefficient）来计算产业在空间分布的均衡程度，把个体收入替换为地理单元上的经济活动（如就业、增加值等）。其公式是：

$$G = \sum_{i=1}^{N} (S_i - X_i)^2$$

其中，S_i 为 i 地区某行业就业（增加值）人数占全国该行业就业人数（行业增加值）的比重，X_i 为该地区就业（增加值）人数占全国总就业人数（行业增加值）的比重。区位基尼系数的值介于 0 和 1 之间，其值越大，表示该行业在地理上的集聚程度越高。

但是，区位基尼系数并没有考虑区域内企业规模对集中程度的影响。如果一个地区存在一个规模很大的企业，该地区可能在该产业上有较高的基尼系数，但实际上并无明显的集聚现象出现。利用区位基尼系数来比较不同产业的集聚程度时，会由于各产业中企业规模或地理区域大小的差异而造成跨行业比较的误差。

5.3.5　E－G 指数

艾利森和格莱泽（Ellison and Glaeser，1999）提出的 E－G 指数（Ellison-Glaeser index）不仅能够控制产业的市场集中度对产业集聚度的影响，而且控制了区域规模对产业集聚度的影响。他们通过企业定位的概率模型，推断出：某产业的空间集聚是指产业被区域的技术溢出、自然优势和专业化供应商等优势所吸引而在空间上形成的集聚现象。因此，考虑了区位基尼系数和 Herfindahl 指数，最终推导出产业的区域集聚指数为：

$$\gamma = \frac{G - (1 - \sum_i x_i^2) H}{(1 - \sum_i x_i^2)(1 - H)}, G = \sum_i (S_i - X_i)^2, H = \sum_k (X_k/X)^2$$

其中，G 为基尼系数，H 为行业的 Herfindahl 指数。x_i 是区域 i 全行业就业占全国就业人数的比例（也可用增加值代替）。

5.4

计量模型与数据处理

5.4.1 计量模型

根据新经济地理学的理论，即使两个地区非常相似，也有可能因为一些偶然因素使产业发生集聚。因此假设 A 的回归模型含有固定效应和时间效应：

$$z_{it} = a_0 + a_1 d_{it} + a_2 t + \theta_i + u_{it} \tag{5.10}$$

其中 i 代表区域 i，z 是表示集聚水平的变量，d 是表示市场需求发展水平的变量，θ 表示各区域不受时间变化的未知因素（如地理条件等），t 是控制时间影响因素的一系列哑变量。

为检验假设 B，引入 C－D 生产函数 $Y = A(z, t) K^{\alpha} L^{1-\alpha}$。将等式两边同除以 L 并取对数得：

$$\ln(Y_{it}/L_{it}) = \beta_0 + \beta_1 t + \beta_2 z_{it} + \alpha \ln(K_{it}/L_{it}) + \varepsilon_{it} \tag{5.11}$$

注意方程中控制了 K，因此式（5.11）衡量的劳动生产率具有全要素生产率（TFP）的含义。

5.4.2 数据来源与代理变量

数据方面，2004 年统计部门根据第一次全国经济普查对服务业数据进行了修订，本章采用 2004 年后各省第三产业的面板数据，目的在于保持统计口径的一致和数据的可信度。代理变量方面设定如下：

1. 集聚度 z

由于较为精确的集聚指标涉及具体企业的数据，在数据受到限制的情况下，我们只能使用相对简单的指标表示集聚。为了增强稳健性，用三种指标衡量聚集水平。第一种为区域特定部门增加值（就业）占区域服务业增加值（就业）比重。如果一个地区增加值（就业）比重上升，则说明该地区的产业出现了集聚（金煜等，2006）。第二种为集中系数。第三种为较常用的区位商。即式（5.12）、式（5.13）和式（5.14）：

$$RATIO = E_{ij}/E_i \qquad\qquad (5.12)$$
$$CON = (E_{ij}/E_i)/(P_i/P) \qquad\qquad (5.13)$$
$$LQ = (E_{ij}/E_i)/(Q_j/Q) \qquad\qquad (5.14)$$

其中，E_{ij} 为 i 地区 j 行业的增加值或就业，E_i 为 i 地区行业总产值或就业。P_i 是地区 i 的人口，P 是全国人口。Q_j 是全国 j 行业的增加值或就业，Q 是全国行业总产值或总就业。

2. 需求发展层次 d

本章用 6 种指标衡量市场需求发展层次，分别是：城镇家庭平均每人全年消费支出 EXP、城镇家庭平均每人可支配收入 INCOME、在岗职工平均工资 WAGE、城市化水平 URBAN、城镇家庭恩格尔系数 ENGEL 以及大专以上人口占 6 岁及以上人口比例 EDU（根据抽样调查计算）。城市化水平即各地城镇人口数占总人口数的比重，恩格尔系数即食品消费支出占总支出的比重。前三个指标从个人收入和消费的角度反映了市场需求的发展潜力，后三个指标从市场规模和结构的角度体现了市场需求的质量。各统计值均来自各年统计年鉴，消费用城镇居民消费指数平减，收入用商品零售价格指数平减。预计 ENGEL 对集聚度的回归系数为负，其他指标对集聚度的回归系数均为正。

3. 产出 Y、劳动投入 L、资本存量 K

Y：各省 2004～2009 年交通仓储运输和邮政业、金融业和房地产业增加值和增加值指数来自《第三产业统计年鉴》。其他年份和行业的数据分别来自《中国国内生产总值核算历史资料 1952～2004》和各省年鉴。以 2004 年为基期，根据增加值指数将增加值换算成不变价。

L：以往研究多直接采用从业人数做劳动投入指标，这实际是假定各行业各年度劳动投入是同质的。服务业中既存在劳动力教育程度较低的餐饮业，也存在受教育程度较高的科学研究、教育业，并且随着时间的增长和人口素质的变化，劳动力投入必然发生改变。因此本章在估算劳动投入时，考虑了时间的因素。劳动人数来自统计年鉴中 2004～2009 年的指标"各地区按行业分城镇单位就业人员数（年底数）"。劳动时间来自国研网数据库中 2004～2009 年"11 月城镇就业人员调查周平均工作时间"的分行业指标。于是，L 写作：劳动投入 L = 劳动人数 × 劳动时间。

K：资本存量的估算较为烦琐，如按照永续盘存法，则有可能出现负的资本存量影响结果。为简便起见，本章直接采用当年固定资产投资作为 K 的代理变量，并用固定资产投资价格指数加以平减。固定资产投资数据来自《第三产业统计年鉴》，各地区固定资产投资价格指数来自各年统计年鉴。

5.5

实证结果和分析

5.5.1 检验假设 A：从需求发展水平到服务业集聚

根据式（5.10），采用固定效应模型对各解释变量分别回归。为节省篇幅，仅将需求发展水平指标的回归系数 a_1 总结列出表 5 - 4。以消费支出 EXP 为解释变量时，第（1）~（3）列、第（5）列显示消费支出与集聚程度显著正相关。第（4）列虽是负相关，但结果不具有显著性；以收入 INCOME 为解释变量时，所有列均显示出正相关性；以工资 WAGE 为解释变量时，仅第（1）~（3）列显示出正向显著性。可见以个人收入作为标准衡量需求市场潜力的回归效果较好。以城市化率 URBAN 为解释变量时，所有列均显示出负相关性，这与预期完全相反。以 ENGEL 系数为解释变量时，我们预计其回归系数应为负值，然而大多数系数表现为与集聚不相关，唯一具有显著性的结果为正值；以人口的受教育水平 EDU 为解释变量时，所有列的回归结果均与其正相关，并呈现出较强的解释力度：第（1）~（4）列表明，人口受教育水平对服务业集聚程度有显著的正面作用。

表 5 - 4   需求发展对服务业集聚度的影响系数 $\hat{a}_1$

解释变量	（1）	（2）	（3）	（4）	（5）	（6）
EXP	1.21e − 05 * (6.63e − 06)	5.08e − 05 *** − 1.58E − 05	1.26e − 05 *** (3.63e − 06)	− 9.25e − 07 (2.08e − 06)	3.32e − 08 *** (1.12e − 08)	7.00e − 08 (4.59e − 08)
INCOME	1.46e − 05 *** (4.40e − 06)	5.14e − 05 *** (9.86e − 06)	1.38e − 05 *** (2.32e − 06)	2.64e − 06 * (1.35e − 06)	1.89e − 08 ** (7.62e − 09)	3.05e − 08 (3.12e − 08)
WAGE	0.00159 ** (0.000759)	0.00329 * (0.00182)	0.00128 *** (0.000420)	0.000280 (0.000233)	− 3.36e − 07 (1.31e − 06)	5.86e − 06 (5.29e − 06)
URBAN	− 0.835 *** (0.286)	− 0.666 (0.431)	− 0.334 ** (0.158)	− 0.289 ** (0.137)	− 0.000452 * (0.000237)	− 0.00261 (0.00425)
ENGEL	0.0704 (0.311)	− 0.0959 (0.768)	0.0244 (0.174)	0.250 *** (0.0956)	− 0.000421 (0.000531)	− 0.00104 (0.00214)
EDU	0.756 ** (0.344)	4.653 *** (0.769)	0.864 *** (0.132)	0.326 ** (0.370)	0.000915 (0.608)	0.00137 (0.00241)

注：*** $p < 0.01$，** $p < 0.05$，* $p < 0.1$。括号内为标准差，下同。第（1）、（2）列被解释变量为 LQ；第（3）、（4）列被解释变量为 RATIO；第（5）、（6）列被解释变量为 CON。第（1）、（3）、（5）列中被解释变量以增加值衡量，其余列为就业。

前三行中，具有显著性的结果均为正值。这就是说，市场的微观主体，也就是个人的收入和富裕程度，对服务业的集聚有正面的促进作用。

第四行，具有显著性的结果均为负值，即城市化水平 URBAN 对服务业集聚具有负面的作用。所谓的城市化指的是城镇人口占总人口的比重，它也可视为人口集聚的一种表现。人口的集聚与服务业的集聚不仅步调不一致，而且还此消彼长，这可能与我国城市化的特点有关。首先，在这个过程中，大量农村劳动力流入城市从事低端工作。低端的服务工作多为劳动密集型，这就使服务业增加值的增长落后于城镇人口或就业的增长，也远远落后于一般服务业增加值的发展水平。其次，新增人口的收入和消费水平较低。国家统计局①关于农民工生活质量的调查表明，进城务工经商的农民工的平均月收入为 966 元，一半以上的农民工月收入在 800 元以下，他们无力承担住房、医疗、教育等各项消费支出，更无法成为市场需求的主要力量。最后，这个结果也隐含着地方政府为了追求城市化速度致使城市规模扩大与产业发展脱节的可能。过于依赖行政力量来推进城市化，而缺少经济集聚过程中对城市化的内在要求（陆铭等，2008），这样的"半城市化"产生不了拉动服务业集聚的需求力量。

第五行恩格尔系数 ENGEL 的回归系数结果中，大部分结果不显著，唯一具有显著性的结果为正值。恩格尔系数用来衡量生活水平，越大表明越贫困。针对不显著的结果，我们认为，这可能说明我国处在依旧不够富裕的阶段，没有大范围消耗服务的前提。居民的需求和消费主要集中在物质产品上。居民生活水平上升扩大了对物质产品的消耗，但对服务产品的需求没有很大改变。因此，食品消费与服务业集聚未见明显关系。针对显著的正面影响（食品消费支出与服务业集聚正相关），注意第四列使用就业作为衡量指标。服务业新增就业主要是转移的农村劳动力，多集中在小商店、小餐馆中（王美艳，2005），收入和消费水平较低。因此需求水平越低，就业集聚越明显。

最后一行 EDU 的结果在预料之中：市场主体的质量从正面影响了服务业的集聚。第一，服务业是知识较为密集的行业，服务业从业人员需要有较高的教育程度②；第二，良好的教育水平确保了个人的收入水平。在满足了基本的物质需求后，个人需求才会升级到无形的服务产品上。一个高教育水平占主要地位的市场主体构成，才有可能对服务产品产生较大的需求，从而推动服务业

---

① http://www.stats.gov.cn/tjfx/fxbg/t20061011_402358719.htm.

② 国研网数据库"2009 年按受教育程度、性别分的城镇就业人员行业构成"中，农业大专以上人口占 0.7%，制造业大专以上人口占 11%，服务业接近或低于这个比重的部门仅有批发与零售、餐饮、居民服务业，分别为 11.2%、6.5% 和 7.4%。

的集聚。

5.5.2　检验假设 B：从集聚水平到生产率增加

验证假设 B 即式（5.11），采用极大似然法（MLE）对增加值集聚指标和就业指标进行回归，将服务业分为生产者服务业、消费者服务业与公共服务业总结出表 5 - 5 ~ 表 5 - 7。为简洁，只列出了集聚度的回归系数 β_2。

表 5 - 5　　　　　集聚对生产性服务业生产率的影响系数 $\hat{\beta}_2$

被解释变量：ln（Y/L）

变量（增加值）	交运仓邮业	信息服务业	金融业	房地产业	商务服务业	科研服务业
CON	156.8 *** (28.57)	85.48 *** (25.95)	247.9 *** (41.25)	70.02 *** (22.89)	65.88 *** (20.94)	157.1 *** (18.32)
LQ	0.678 *** (0.106)	0.607 *** (0.0999)	1.421 *** (0.0912)	0.815 *** (0.157)	0.989 *** (0.136)	0.995 *** (0.0967)
RATIO	4.921 *** (0.594)	13.09 *** (1.830)	12.55 *** (0.990)	10.21 *** (1.090)	25.09 *** (2.861)	27.72 *** (3.793)
变量（就业）	交运仓邮业	信息服务业	金融业	房地产业	商务服务业	科研服务业
CON	- 39.80 (56.42)	- 52.69 (67.97)	- 87.86 (61.59)	36.36 (31.90)	28.94 (59.02)	- 102.8 (102.6)
LQ	- 0.321 *** (0.0666)	- 0.317 *** (0.0890)	- 0.382 *** (0.0966)	- 0.200 *** (0.0621)	- 0.139 ** (0.0624)	- 0.214 *** (0.0757)
RATIO	- 12.11 *** (2.598)	- 41.77 *** (10.35)	- 22.18 *** (5.730)	- 24.14 *** (8.981)	- 15.47 ** (6.169)	- 24.15 *** (7.384)

从表 5 - 5 首先可以确定，尽管使用不同的集聚指标对生产率的影响幅度不同，并且服务业不同部门的集聚特点不尽相同，但不管哪种指标都对任意部门的生产率产生了极显著的正面影响。其次，把 β_2 看成集聚效应，生产性服务业中，金融业中的集聚效应突出；消费性服务业中，批发零售业和住宿餐饮业集聚效应较小，文体娱乐业集聚效应较大。这就表明知识密集型的服务业集聚效应较非知识密集型服务业大。

表 5 - 6　　　　　集聚对消费性服务业生产率的影响系数 $\hat{\beta}_2$

被解释变量：ln（Y/L）

变量（增加值）	批发零售业	住宿餐饮业	居民服务业	文体娱乐业
CON	72.10 ***	157.1 ***	70.02 ***	292.0 ***
	(22.67)	(18.32)	(22.89)	(69.99)
LQ	1.044 ***	0.148 ***	1.264 ***	0.878 ***
	(0.183)	(0.0106)	(0.180)	(0.0944)
RATIO	5.994 ***	3.598 ***	24.35 ***	46.11 ***
	(0.737)	(0.261)	(3.299)	(4.371)
变量（就业）	批发零售业	住宿餐饮业	居民服务业	文体娱乐业
CON	- 116.2 **	- 7.863	- 222.4 **	- 22.84
	(46.61)	(43.71)	(89.75)	(74.98)
LQ	- 0.387 ***	- 0.218 ***	- 0.132 ***	- 0.218 **
	(0.0587)	(0.0768)	(0.0300)	(0.0897)
RATIO	- 17.15 ***	- 27.58 ***	- 60.63 ***	- 37.86 **
	(2.821)	(9.952)	(13.31)	(17.15)

表 5 - 7　　　　　集聚对公共服务业生产率的影响系数 $\hat{\beta}_2$

被解释变量：ln（Y/L）

变量（增加值）	水环公管业	教育业	卫保福利业	公共管理业
CON	247.9 ***	65.88 ***	219.5 ***	220.9 ***
	(41.25)	(20.94)	(38.81)	(64.29)
LQ	0.457 ***	1.091 ***	0.920 ***	1.113 ***
	(0.0514)	(0.166)	(0.0858)	(0.286)
RATIO	35.02 ***	13.62 ***	19.04 ***	18.83 ***
	(3.623)	(1.228)	(2.269)	(1.726)
变量（就业）	水环公管业	教育业	卫保福利业	公共管理业
CON	45.43	- 20.73	28.98	- 10.28
	(70.83)	(49.57)	(42.14)	(46.77)
LQ	- 0.265 *	- 0.255 *	- 0.334 ***	- 0.325 **
	(0.148)	(0.140)	(0.101)	(0.148)
RATIO	- 33.26 *	- 4.419 *	- 14.70 ***	- 6.074 **
	(18.81)	(2.271)	(4.576)	(2.780)

注：为节省篇幅，以上行业名称为统计年鉴中服务业 14 个部门之简称。

在用就业的集聚指标回归时，几乎所有的 β_2 都为负值。用 LQ 和 RATIO 作为解释变量时，β_2 不仅为负，而且都具有显著性；用 CON 作为解释变量时，显著的结果都是负值。总体来说，就业集聚对于劳动生产率的影响是负面的。其次，在具有统计意义的结果中，负面影响较大的值是消费者服务业中的批发零售业和居民服务业。这两个行业在服务业中知识含量较低，又都是劳动密集型行业。因此，就业集聚度越高，生产率就越低。最后，以就业表示的 CON 做回归元时，生产性服务业和公共服务业的系数均不具有显著性。CON 的构造包括人口因素，在考虑了人口的相对因素后，生产性服务业和公共服务业的相对集聚程度就没有那么明显了。

假设 A 和假设 B 的实证结果具有一致性。针对用增加值和用就业表示集聚做回归元得到的截然相反的结果，不妨这样解释：集聚既体现为增加值的集聚，也体现为就业的集聚。以增加值表示的集聚，是经济活动的集聚，符合一般规律；以就业表示的集聚，是人口的集聚，虽与一般规律相悖，但却体现了我国服务业低端集聚、粗放发展的现象。从城市化进程来看，这种现象说明以经济活动衡量的城市化进程明显快于以人口衡量的城市化进程。在这个进程中：城镇人口的统计数字上升了，但没有相应的收入和消费水平与之匹配；产出提高的手段是大幅追加低端劳动投入。即使增加值集聚了，但大部分部门尤其是劳动密集型的部门，生产率并没有明显改进；而另外一些部门，如教育、住宿、医疗、公共服务等，如鲍莫尔所说，是生产率"停滞"的部门。两者综合在一起，就出现了就业集聚程度越高、生产率越低的现象。

5.6

结　论

服务业因何而集聚？集聚是否影响了服务业生产率水平？如果是，它又是通过怎样的机制来实现的？本章回答了这三个问题。如果说制造业的集聚效应是通过投入上的外溢效应来实现、"供给"是其中主角的话，那么在服务业中，"供给"退居二线，"需求"在服务业集聚中扮演了重要角色。是需求拉动了服务业的集聚，又是需求引发的外溢效应刺激了服务业劳动生产率的提高。集聚—生产率提高—再集聚，这种影响机制通过收益递增的作用自我强化。

本章采用 2004～2009 年的省级面板数据验证了这些机制，并且得到了肯定的回答。在验证需求发展与服务业集聚水平时，有两点值得关注：一是城市化水平和恩格尔系数对服务业集聚水平的影响方向与直觉不符，人口集聚和经济集聚的步调失衡。这实际上说明我国的城市化属于"半城市化"，农民还没有转化成城市居民，这种"半城市化"无法产生对服务业的需求。二是人口教育水平和服务业集聚水平正相关。这两个结论说明了从需求角度着手，提高居民收入、保护城市新增人口权益以及提高人口教育程度等，是推动服务业发展的根本手段。

在验证集聚对生产率的作用时，值得关注的结果是：第一，知识密集型服务业的集聚效应较大。因此，对于不同类型的服务业应当采取差异化的发展策略，鼓励集聚效应较大的服务业集聚，并合理规划各服务业集聚区，改善服务业的集聚结构。第二，就业的集聚与生产率成反比。这足以验证我国服务业相对劳动生产率较低、存在着低端集聚、人浮于事的现象。要改变这种局面，就必须由粗放化向精细化转型，以追加资本、知识的方式来扩大服务业产出。

参考文献

1. 程大中、陈福炯：《中国服务业相对密集度及对其劳动生产率的影响》，载《管理世界》2005 年第 2 期。

2. 胡霞：《集聚效应对中国城市服务业发展差异影响的实证研究》，载《财贸研究》2007 年第 1 期。

3. 金煜、陈钊、陆铭：《中国的地区工业集聚：经济地理，新经济地理与经济政策》，载《经济研究》2006 年第 4 期。

4. 陆铭：《中国的大国经济发展道路》，中国大百科全书出版社 2008 年版。

5. 童馨乐、杨向阳、陈媛：《中国服务业集聚的经济效应分析：基于劳动生产率视角》，载《产业经济研究》2009 年第 6 期。

6. 王美艳：《城市劳动力市场上的就业机会与工资差异》，载《中国社会科学》2005 年第 5 期。

7. 原毅军、宋洋：《服务业产业集聚与劳动生产率增长——基于中国省级面板数据的实证研究》，载《产业经济评论》2011 年第 10 期。

8. Ades, A. F. and E. L. Glaeser, Trade and circuses: explaining urban giants. The Quarterly Journal of Economics, 1995. 110 (1): pp. 195 - 227.

9. Andersson, M. and H. Lööf, Agglomeration and productivity: evidence from firm-level data. The Annals of Regional Science, 2011. 46 (3): pp. 601 - 620.

10. Canina, L., C. A. Enz, and J. S. Harrison, Agglomeration Effects and Strategic Orientations: Evidence from the U. S. Lodging Industry. The Academy of Management Journal, 2005. 48 (4): pp. 565 – 581.

11. Ciccone, A. and R. E. Hall, Productivity and the Density of Economic Activity. The American Economic Review, 1996. 86 (1): pp. 54 – 70.

12. Costa, D. L. and M. E. Kahn, Power couples: changes in the locational choice of the college educated, 1940 – 1990. The Quarterly Journal of Economics, 2000. 115 (4): pp. 1287 – 1315.

13. Davis, D. R. and D. E. Weinstein, Economic geography and regional production structure: an empirical investigation. European economic review, 1999. 43 (2): pp. 379 – 407.

14. Diamond, C. A. and C. J. Simon, Industrial specialization and the returns to labor. Journal of Labor Economics, 1990: pp. 175 – 201.

15. Duranton, G. and D. Puga, Chapter 48 Micro-foundations of urban agglomeration economies, J. V. Henderson and J. – F. Thisse, Editors. 2004, Elsevier. pp. 2063 – 2117.

16. Ellison, G. and E. L. Glaeser, The geographic concentration of industry: does natural advantage explain agglomeration? The American Economic Review, 1999. 89 (2): pp. 311 – 316.

17. Fischer, J. H. and J. E. Harrington Jr, Product variety and firm agglomeration. The RAND Journal of Economics, 1996: pp. 281 – 309.

18. Henderson, J. V. , Efficiency of resource usage and city size. Journal of Urban Economics, 1986. 19 (1): pp. 47 – 70.

19. Henderson, J. V. , Marshall's scale economies. Journal of Urban Economics, 2003. 53 (1): pp. 1 – 28.

20. Holmes, T. J. , How industries migrate when agglomeration economies are important. Journal of Urban Economics, 1999. 45 (2): pp. 240 – 263.

21. Jaffe, A. B. , M. Trajtenberg, and R. Henderson, Geographic localization of knowledge spillovers as evidenced by patent citations. The Quarterly Journal of Economics, 1993. 108 (3): pp. 577 – 598.

22. Kim, S. , Expansion of markets and the geographic distribution of economic activities: the trends in US regional manufacturing structure, 1860 – 1987. The Quarterly Journal of Economics, 1995. 110 (4): pp. 881 – 908.

23. Krugman, P. , Increasing returns and economic geography. 1990, Nation-

al Bureau of Economic Research.

24. Krugman, P., The move toward free trade zones. Economic Review, 1991. 76 (6): p. 5.

25. Krugman, P., What's new about the new economic geography? Oxford Review of Economic Policy, 1998. 14 (2): pp. 7 – 17.

26. Kukalis, S., Agglomeration Economies and Firm Performance: The Case of Industry Clusters. Journal of Management, 2009. 36 (2): pp. 453 – 481.

27. Marshall, A., 1961 Principles of economics. 1890, London: MacMillan for the Royal Economic Society.

28. Moretti, E., Estimating the social return to higher education: evidence from longitudinal and repeated cross-sectional data. 2002, National Bureau of Economic Research.

29. Porter, M., E. (1985), Competitive Advantage. New York, 1985.

30. Porter, M., The competitive advantage of nations/Michael E. Porter. 1990: London: New York: Macmillan.

31. Potter, A. and H. D. Watts, Evolutionary agglomeration theory: increasing returns, diminishing returns, and the industry life cycle. Journal of Economic Geography, 2011. 11 (3): pp. 417 – 455.

32. Rauch, J. E., Productivity gains from geographic concentration of human capital: evidence from the cities. 1991, National Bureau of Economic Research.

33. Rosenthal, S. S. and W. C. Strange, The determinants of agglomeration. Journal of Urban Economics, 2001. 50 (2): pp. 191 – 229.

34. Tabuchi, T. and A. Yoshida, Separating urban agglomeration economies in consumption and production. Journal of Urban Economics, 2000. 48 (1): pp. 70 – 84.

35. Waldfogel, J., Preference externalities: An empirical study of who benefits whom in differentiated product markets. 1999, National Bureau of Economic Research.

第 6 章

进入管制与服务业生产率

本章主要讨论制度性障碍与服务业发展的关系。熊彼特的动态经济理论认为，为了实现所谓的"创造性破坏"，释放企业家的创新精神，产品市场必须高度竞争和自由化。竞争机制可以帮助效率高的企业占领市场。在位的低效企业受到这种威胁，要么进行创新提高效率，要么被淘汰出局。但是，政府的管制政策却有可能成为竞争道路上的障碍。它或是保护在位企业垄断，或是排斥新企业的进入，从而损害了正常竞争秩序，造成市场的扭曲。高效企业不能进入，低效企业没有变革压力，全行业的生产率就也无法提升。

一项针对服务业展开的调查表明，当前对我国服务业影响最大的三类因素分别是制度环境即市场经济体制、政府职能和行业监管（国务院发展研究中心市场经济研究所课题组，2011）。在诸多制度约束中，政府的管制是其中的关键因素；而在政府的诸多管制政策中，首当其冲的是对于民营经济的进入管制政策。因此，对服务业去监管化是一条提升服务业生产率的捷径。我国的服务业中，国有制经济占据主导地位，这表明我国服务业离市场化还很遥远。本章在这样的背景下，讨论管制和服务业生产率的关系。

6.1
进入管制的概念

经济管制，是指在自然垄断和信息不对称领域，为了防止资源配置低效率，确保利用者公平利用，政府机关利用法律权限，通过许可和认可等手段，对企业的进入和退出、价格、服务的质量和数量、投资、财务会计等有关行为加以管制①。进入管制和价格管制是管制的两种主要形式，其手段包括：国家垄断、许可、申报、审批、设立标准，等等。

　　与发达国家不同，考虑我国的管制环境，尤其是服务业的管制环境，最突出也是最重要的是进入管制问题。这主要有以下三个原因：首先，管制的背景不同。发达国家的市场经济体制已经成熟，私有制基本确立，并且存在一个能够制衡管制的机制。经济管制的主要目的是为了消除市场失灵现象，抑制过度垄断，保持适度竞争，或者防止企业的经济活动带来负面的外部性。我国处于计划经济向市场经济转型的过程中，这个转型的过程正是非国有资本进入、对非国有资本管制不断放松的过程。其次，管制的范围、程度和手段不同。直接进入管制意味着对产权的干预，除较少数行业外，发达国家很少采取审批、许可等直接进入管制方式，而更多地使用间接进入管制作为管制手段，比如企业必须具备规定条件和相关资质，经有关部门考核，方能进行经济活动。我国对服务业各部门的进入管制，不仅覆盖面更大，程度更严格，而且各种直接和间接的进入管制均有体现（见表6－1）。由表6－1可见，服务业中垄断性较强的行业均有不同形式的进入管制，同一行业往往涉及到多个管制机构，从中央到地方，几乎所有政府机构都具有管制权利。最后，进入管制是各种管制的前提和基础。进入管制直接决定企业是否能够进入市场，而其他类型的管制是在企业已经进入的条件下，通过设定价格和标准等手段来影响企业的行为，管制对象是已经进入市场的企业。目前我国还没有过渡到放松直接进入管制、加强其他类型管制的阶段。

表6－1　　　　　　　　　　　　服务业各行业管制情况

行业	主要进入管制手段	主要管制部门
铁路	国家垄断、审批	铁道部、地方铁道局
航空	许可执照	民航总局
水路、公路	许可执照	交通部
电信	寡头垄断	信息产业部
金融	国家垄断、审批、许可	中国人民银行、银监会
保险	审批、许可执照	中国人民银行、银监会
广播电视	审批、许可	广电部、公安部等
公用事业	许可执照	地方政府建设部门
医疗	审批、许可执照	卫生部

　　资料来源：应松年、袁曙宏：《走向法治政府》，法律出版社2001年版；以及笔者根据相关资料整理。

---

　　①　植草益：《微观管制经济学》，中国发展出版社1992年版，第27页。

6.2
我国服务业进入管制问题的分析

6.2.1 不对称管制

观察我国服务业的进入管制现状，一个显著的特征是进入管制政策的不对称性。这主要表现在，与制造业相比，服务业企业的政策优惠较少，进入成本较高，管制较多；与国有资本相比，非国有资本的进入限制更多，甚至有规定不强调企业资质，而单纯以经济性质划定准入权利。

首先，服务业的管制比制造业更严格。不论是从自由化程度来看，还是私有化程度来看，制造业的改革进程都领先于服务业。（1）从准入条件来看，曾存在针对行业的歧视政策。如1999～2005年实行的公司法，对服务业就做了特殊规定。[①]而从表6-1又可以知道，进入服务业的大部分行业都需要不同程度的行政审批。（2）准入标准和体系不完善。有些新兴行业如电子商务业，准入标准缺失；有些行业如文化娱乐业又监管过度。宣传部和文化部对于文化产业设置了种种进入障碍，非国有经济基本不能进入这些行业。（3）从税收制度来看，服务业税负较重，税收结构不合理。增值税和消费税较低，营业税与企业所得税较重。但增值税和消费税涉及的行业仅有批发和零售业，难以对整体服务业产生较大影响，而营业税和企业所得税等流转税却是对所有行业征收的税种。2008年，服务业企业所得税收入是制造业的2.7倍左右。较重的流转税打击了新企业进入行业的积极性，增加了服务业的交易成本（见表6-2）。

表6-2　　　　　　　2008年全国税收分税种收入　　　　　　　单位：亿元

	税收收入	国内增值税	国内消费税	营业税	企业所得税
制造业	21 509.686	10 550.621	2 546.271	82.271	2 672.326
比重	100.00%	49.05%	11.84%	0.38%	12.42%
服务业	27 091.599	3 477.663	21.978	5 963.238	7 252.594
比重	100.00%	12.84%	0.08%	22.01%	26.77%

资料来源：2009年中国税务年鉴。

---

① 特殊规定是：有限责任公司的注册资本最低限额为：以生产经营为主和以商品批发为主的公司为人民币50万元，以商业零售为主的公司为人民币30万元，科技开发、咨询、服务性公司为人民币10万元，并要求一次缴清。2006年实行的新公司法大幅下调最低注册资本，并排除了行业歧视。

其次，私有资本进入的障碍较大。政府作为单一的监管主体，对于行业各项资格认证、许可证的审批以及融资、财税等各方面的扶持政策，向国有企业和事业单位倾斜。在医、教、文、卫、体、水电、交通等公共服务领域，民营资本基本无法进入；一般来说盈利较明显、生产率较高的行业，很少向非国有资本开放。在资本市场中，以上现象反映得十分明显。服务业上市公司中，除了信息技术业外，民营控股公司的绝对数和比例都显著低于国有控股公司，在交通运输仓储业和金融业中甚至低于10%（见表6-3）。表6-4总结了2009年14个行业按所有制分的固定资产投资和劳动力情况[1]。可以看出，我国服务业既存在基本国有垄断的行业，如交通运输、仓储和邮政业，文化、体育和娱乐业，水利、环境和公共设施管理业，也存在少量垄断竞争的行业，如信息传输、计算机服务和软件业、居民服务业以及房地产业，还有竞争较强的行业，如批发零售业、住宿餐饮业。但14个行业中向民营资本开放的并不多，公共服务业几乎全为国有资本垄断；消费性服务业管制较松，但其中文体娱乐业基本被国有资本垄断；向民营资本开放较多、管制较松的高生产率行业仅有房地产业和信息软件业。

表6-3　　　　　2009年服务业上市公司控制类别统计

证监会分类	国有控股	占比（%）	民营控股	占比（%）
交运仓储业	56	66.67	8	9.52
信息技术业	46	34.59	81	60.90
批发和零售	54	56.25	34	35.42
金融业	16	47.06	3	8.82
房地产业	40	50.63	38	48.10
社会服务业	39	72.22	14	25.93
传播与文化	9	64.29	5	35.71
综合类	35	49.30	31	43.66

资料来源：CCER金融研究数据库。

---

[1] 由于年鉴中并未提供产出即增加值方面的数据，我们只能用投入（固定资产投资和劳动投入）代替。

表 6 – 4　　　　　　　　　　**2009 年各行业按所有制分统计**

	国有集体固定资产投资占比（%）	国有集体职工占比（%）	国有集体法人单位数	其他所有制法人单位数	进入壁垒
交运仓邮业	91.07	68.69	227 394	3 536 724	高
信息软件业	74.28	37.92	18 669	167 306	低
批发零售业	25.48	38.03	3 506	178 220	低
住宿餐饮业	21.73	33.20	88 846	1 874 431	低
金融业	85.34	50.75	15 451	143 093	高
房地产业	28.02	27.65	6 413	36 416	中
商务服务业	62.38	56.71	23 614	255 026	低
科研服务业	72.67	79.44	36 109	479 487	中
水环公管业	92.67	91.60	13 829	163 893	高
居民服务业	42.70	61.62	4 080	24 613	中
教育	88.57	97.52	7 116	134 620	高
卫社福利业	87.73	97.37	2 161	23 562	高
文体娱乐业	67.20	88.20	2 513	13 709	高
公管和社会组织	94.04	99.27	5 087	42 348	高

注：其他年份的趋势与此表类似，为节省篇幅省略。进入壁垒划分同陈彬（2008）。

6.2.2　不对称管制在企业层面的表现

　　发达国家实行不对称管制政策，是指根据不同企业的不对称的竞争能力，给新企业一定的帮助，在不完全依靠市场力量的情况下，培育其尽快成长，形成有效的竞争机制，与本文所总结的"不对称"有所差别。从数据来看，虽然我国的服务企业满足这种不对称管制的条件，然而现有的政策却不是同一意义上的"不对称"。2002 年，世界银行与国家统计局对中国各省份分类下 1 500 家制造业和服务业企业①进行了调查。根据问卷数据，将企业分为公有和私有、制造业和服务业分别进行了计算，其结果（见表 6 – 5、表 6 – 6）刚好可以反映这种不对称。

─────────

　　① 调查行业中，制造业企业包括纺织业 222 个、消费品制造业 165 个、电子设备制造业 203 个、交通运输设备制造业 216 个和电气机械及器材制造业 192 个。服务业企业以生产性服务业为主，包括会计等商务服务业 104 个，广告和营销类企业 89 个，商业物流企业 110 个，通信服务企业 71 个，信息技术企业 128 个。调查并未对公有和非公有企业进行严格划分，我们这里根据所有比例，将公有控股比例大于等于 50% 的定义为公有企业，其余则为私有企业。

表 6-5　　　　　　　　2002 年各行业企业调查统计（制造业）

	合计	公有	私有
样本数	998	261	737
销售额（万元）	24 462.18	15 605.43	27 590.92
固定资产现值（万元）	7 342.53	6 624.81	7 596.70
员工数（人）	639.58	869.11	558.29
劳动生产率（万元/人）	37.38	21.08	43.14
研发强度（%）	7.96	6.92	8.34
成立新企业花费（万元）	14 672.38	13 161.27	15 202.44
执照、许可证花费时间占比（%）	7.45	7.72	7.35

资料来源：世界银行企业调查。

表 6-6　　　　　　　　2002 年各行业企业调查统计（服务业）

	合计	公有	私有
样本数	502	127	375
销售额（万元）	13 223.30	35 232.45	5 707.98
固定资产现值（万元）	23 089.71	73 351.01	6 067.89
员工数（人）	556.89	1 710.71	166.14
劳动生产率（万元/人）	35.37	30.07	37.18
研发强度（%）	10.65	3.86	12.86
成立新企业花费（万元）	26 102.27	87 487.45	5 978.75
执照、许可证花费时间占比（%）	8.57	6.86	9.14

资料来源：世界银行企业调查。

首先，服务业发展滞后，但进入成本比制造业高。在反映企业竞争力的指标如销售规模、资本规模、企业规模、劳动生产率方面，服务业企业的水平均低于制造业企业。[1] 从行业准入条件看，虽然服务企业规模较小、对资本要求也不高，但其成立新企业需要花费的资金（包括建立生产基地、开拓市场的费用）竟是制造业企业的两倍左右，在获取各种执照和许可证方面花费的时间比制造业企业高 1 个百分点。

其次，服务企业的竞争力和享受的政策并不匹配。在已经具备初步竞争能

————————

[1]　例外是研发强度，因为样本多为知识密集型的生产性服务业企业。

力、管制相对较松的制造业中并不存在这一现象。表6-5的制造业企业中，创新强度、劳动生产率和企业各种规模指标发展大体相当，私营制造业企业的表现优于国营制造业企业。与之相对应的是，国家政策对私营制造业企业比国营企业宽松（即进入花费低于国营制造业企业）。如果说相对于制造企业，服务企业的发展水平呈现弱势，那么将服务业企业划分经济类型后，在公有服务业企业中，这种相对弱势不仅消失，还因为行政性垄断被扭曲了。公有服务企业在政策和规模上的相对优势，比公有的制造企业相对私有制造企业的优势还大。不考虑企业类型，在企业资本规模、员工规模和销售规模等指标上，公有服务企业均高于私有服务企业，甚至高于公有制造企业，它们花费在许可证的时间比私有服务企业低2个百分点，甚至比公有的制造企业低一个百分点。但是从生产率和创新能力来看，私有服务企业创新动机强（研发强度是公有企业的4倍左右、同样也高于制造企业），劳动生产率高。这就是说，现阶段服务企业的竞争力和竞争权利并不对等。

可见在严格进入管制下的非国有服务企业，正遭受着这种不对称的管制。生产率高的私有企业因为管制只占有较少的市场份额；与此同时，创新性弱、生产率低的公有企业因为受到保护占据着绝大多数市场，维持着低效率的经营，两者的共同作用使服务行业的生产效率大打折扣。

消除以上不对称的进入管制，应当是我国服务业进入管制改革的重点。不对称的管制造成不同经济性质的企业在竞争中的不平等地位，也造成了服务业相对于制造业的发展滞后。为了实现公平有效的竞争，对于这种情况，政府可以更进一步给这些相对弱势的服务企业和非国有企业以政策优惠，提供不对称的"进入帮助"。

6.2.3　不对称管制下的生产率扭曲

由于缺少分行业增加值数据，本章只能用就业来表示服务业各行业的发展情况，总结为表6-7。由表6-7首先可以看出一个明显特征：服务业就业按所有制的分布很不均衡。2008年，制造业的主要劳动力已经转移到私有企业，占81.08%，服务业恰恰与之相反，私有企业劳动力比重仅占18.67%。从行业来看，私有企业就业比重较高的行业是信息传输、计算机服务和软件业、批发和零售业、住宿和餐饮业、金融业、房地产业、租赁和商务服务业，以及居民和其他服务业；而在水利、环境和公共设施管理业、教育业、卫生、社会保障和社会福利业、文化、体育和娱乐业、公共管理和社会组织，私有企业就业比重显著低于其他行业水平，有的甚至不足5%。

表6-7   2008年各行业统计

行业	国有集体职工比重（%）	其他单位职工比重（%）	增加值（亿元）	劳动生产率（万元/人）
合计	58.61	41.39	314 045.43	27.27
制造业	18.92	81.08	102 539.49	30.80
服务业	81.33	18.67	131 339.99	22.22
交通运输、仓储和邮政业	71.30	28.70	16 362.50	28.08
信息传输、计算机服务和软件业	40.37	59.63	7 859.67	54.50
批发和零售业	43.02	56.98	2 6182.34	53.76
住宿和餐饮业	35.90	64.10	6 616.07	37.14
金融业	58.98	41.02	14 863.25	45.54
房地产业	29.92	70.08	14 738.70	93.88
租赁和商务服务业	59.16	40.84	5 608.22	22.69
科研、技术服务和地质勘查业	81.17	18.83	3 993.35	16.63
水利、环境和公共设施管理业	92.99	7.01	1 265.50	7.06
居民服务和其他服务业	64.43	35.57	4 628.05	92.20
教育	98.41	1.59	8 887.47	5.96
卫生、社会保障和社会福利业	97.83	2.17	4 628.75	8.63
文化、体育和娱乐业	89.93	10.07	1 922.40	16.14
公共管理和社会组织	99.76	0.24	13 783.72	10.67

资料来源：国家统计局数据库、统计年鉴。

从表6-7还可以发现，凡是非国有集体职工比重高的，其劳动生产率相对也较高。在批发和零售业、住宿和餐饮业、居民服务业中，非国有集体职工比重（分别为57%、64%、36%）要远远高于劳动生产率滞后的行业。将2008年各行业劳动生产率和非国有集体单位职工比重绘制成图6-1后，可以看出，非国有集体职工比重和劳动生产率的走向非常相似。如果仅仅是因为行业差异，那又如何解释一般认为是低劳动生产率的传统服务业（比如批发和零售业、住宿和餐饮业、居民服务业）的生产率远远高于商务服务、科研服务等现代服务业的情况？注意到相对管制较松（比起制造业它们还是管制较严）的这几个行业的高生产率，我们推测，很有可能是目前的进入管制政策扭曲了各行业的生产效率。

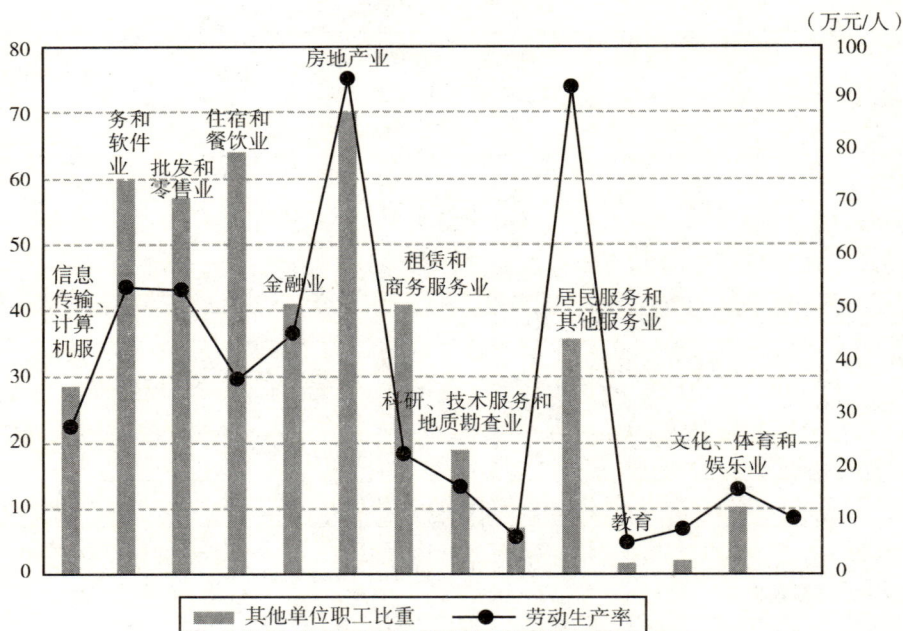

图 6-1　服务业各行业劳动生产率与其他单位职工比重关系

6.3
进入管制的影响研究

6.3.1　进入管制的正面影响

进入管制的正面影响即是进行进入管制的理论依据。经济学中进入管制的主要理论基础是规模经济和负外部性。在自然垄断行业中需要很高的固定投资作为沉没成本，构成了巨大的进入壁垒。自然垄断行业产品的平均成本随着产量的增加而下降，在这种情况下，如果市场内仅有一家或几家企业，比存在多家企业的情况生产效率更高，总成本和浪费更小。这就是说，在规模经济下的自由进入，可能会导致低效，损害社会福利（Dixit and Stiglitz，1977；Von Weizsacker，1980；Mankiw 和 Whinston，1986）。

6.3.2 进入管制的负面影响

随着制度变革、技术变迁和经济全球化的推进，原有的管制制度逐渐暴露出许多问题。

第一，技术变迁削弱了某些产业维持垄断的经济依据①。科学技术的迅速发展，使某些自然垄断产业失去了自然垄断的特征，或是不在整个产业链上具有自然垄断特征。例如，光纤的使用使电信投资的沉没成本大幅下降；信息技术的发展使不少产业的上下游产品或业务可以分离，具备了可竞争性，也适宜引入竞争机制；产业间的可替代性由于技术的发展越来越明显，公路、铁路、飞机等几种运输方式之间可以互相替代。这些新的变化要求政府放松进入管制，发挥市场竞争机制的作用。

第二，经济全球化要求各种要素在全球范围内自由流动，进入管制无疑制约了这些要素的流动。例如，现行的户籍制度就是一种对地区间劳动力流动进行进入管制的制度，却限制了劳动力在大城市的就业。生产要素如果能够充分自由地在不同地区间流动，将能够提升区域间的资源配置效率，有助于大城市发挥集聚的规模经济效应。而当生产要素流动受阻时，便失去了因为资源跨地区配置出现的生产率提升的机会。

第三，垄断行业表现出低创新和低效率的状态。因为没有竞争压力也能生存，这些垄断经营企业自然不需要追求最低成本和最大利润，缺乏创新，实际生产效率低下。只有少数企业存在的市场结构，也使垄断企业没有判断和监督自身效率的标准。并且，垄断企业还有可能凭借垄断地位制定高价，或者在满足最低标准的条件下尽可能地降低产品和服务的质量，损害消费者福利。对于这种低效率的状态，政策很难起到预期的效果，从而产生"寻租"和"政府失灵"现象。"政府限制垄断的结果，往往是以行政垄断代替了市场垄断，而又没有一个机构来管制行政垄断，由此导致比市场垄断带来的福利损失更大的损失。管制滞后也使管制政策难以达到预期的效果。同时管制者有足够的动力把个人利益带进政府和政府决策中。管制成为管制者和被管制者之间各自攫取利益的工具，大量财富流向社会中有势力的集团，管制偏离了公众利益，导致资源配置更糟糕"②，从这一层面来说，管制的主要受益者是管制者和在位垄断企业。

---

① ② 王俊豪主编：《管制经济学原理》，高等教育出版社 2007 年版，第 123 页，第 124 页。

对进入管制的负面效应的研究，正是在上述背景下进行的。这些负面影响包括：扭曲产业结构（Fisman and Sarria-Allende，2004），影响投资或就业（Alesina et al.，2003；Bertrand and Kramarz，2002），损害企业家精神（Klapper，Laeven and Rajan，2006），等等。

研究进入管制和生产效率的文献一般是从市场竞争对企业的影响来分析的。放松进入管制，等于强化了竞争机制。竞争淘汰低效率企业，帮助高效率的企业进行扩张。企业也将因为竞争的威胁而不断创新（Aghion et al.，2004）。大部分研究基本赞同管制与生产率存在此消彼长的关系（Collier and Dollar，2001；Nicoletti and Scarpetta，2003；Poschke，2010）；作为管制较多的发展中国家，我国的实证研究一般从加强管制和提高进入壁垒对绩效的损害角度说明了放松管制的重要性（杨骞、刘华军，2009；孙燕铭，2010）。

以上研究管制和生产效率关系的文献，都是基于制造业提出的，制造品大部分是完全竞争的产品，而服务产品是一种垄断竞争的产品；相对于发达国家的市场，作为发展中国家的中国的服务业进入壁垒更高、在位企业垄断性更大，但却很少有文献研究发展中国家的服务业管制。虽然国内的学者基本都认为制度性的原因是影响服务业发展的因素（顾乃华，2006），但还未有实证对此作出检验。因此，下面两个部分的内容，就是从服务产品的特性入手，实证检验进入管制对服务业生产率的影响。

6.4
进入管制影响生产率的模型

6.4.1 基本设定

由于服务业部门存在异质性，本章主要考虑了两种市场结构：完全竞争的市场和不完全竞争的市场。

基本的模型设定类似于赫尔普曼（Helpman，2006）使用的垄断竞争模型。假设行业服务 J 中供应 N 种差异化的产品，用 j 表示，$j = 1，\cdots，N$。消费者消费该服务产品的效用函数为 CES 形式，即：

$$u = 1/\alpha \log\left[\sum_{j \in J} z_j^{\alpha}\right], 0 < \alpha \leq 1$$

α 是衡量产品差异程度的参数，也可以看成是衡量竞争程度的参数。α 越大，代表行业 J 中产品差异程度越小，竞争越激烈，垄断性越弱。定义 $\varepsilon \equiv 1/$

$(1-\alpha)$，ε 代表需求弹性，$\varepsilon > 1$。CES 效用函数产生的需求函数为：

$$x_i = Ap_j^{-\varepsilon}$$

p_j 是生产的产品 j 的价格，A 为市场容量即需求水平，满足：

$$A = \frac{E}{\int_{j \in J} p_j^{1-\varepsilon} dj}$$

E 是总支出。对于行业 J 来说，A 是内生的，但相对于各企业来说，它是外生的变量。

设 $1/\theta_j$ 为生产一单位产品的可变成本，f 为固定成本，θ_j 是企业 j 的生产率。因为服务产品生产消费的一体性，企业在短期内无法预知或改变产量，只能通过操纵价格来实现利润最大化。由于产品存在差异，各企业如同垄断者一般独立定价。定价满足：

$$p_j = mc/\alpha = 1/\alpha\theta_j$$

从而可得企业 j 的利润函数：

$$\pi = \beta\varphi_j - f \tag{6.1}$$

其中，$\beta \equiv A\ (1-\alpha)\ (1/\alpha)^{1-\varepsilon}$，$\varphi_j \equiv \theta_j^{\varepsilon-1}$。$\varphi_j$ 是生产率 θ_j 的变形。

6.4.2　完全竞争市场下的进入

完全竞争市场下，$\alpha = 1$。N 个在位企业 j（$j = 1$，$\cdots$，N）和一个潜在竞争企业 j^* 都生产同质产品。在没有进入者的情况下，N 个在位企业按照价格等于边际成本的法则定价，即 $p_j = 1/\theta_j$（其中 $\theta_1 = \cdots = \theta_j = \theta_N$）。因为在位企业都相同，下面我们只考虑一个典型的在位企业 j。进入者进入市场必须付出成本 ε，不进入则获得零利润。市场内企业进行 Betrand 竞争：定价低的企业占领全部市场获得利润，定价高的企业被挤出市场，获得零利润。进入成本的存在使潜在竞争企业只有在生产率高于在位企业时才可能选择进入（即价格低于在位企业），因此，设定潜在竞争企业的生产率大于在位企业，$\varphi_j^* > \varphi_j$。

进入威胁的存在使在位企业不得不扩张生产率，进行创新，阻止竞争者进入。进入博弈包括两个阶段：第一阶段，在位企业首先进行创新；第二阶段，观察到在位企业的创新成果，潜在竞争企业选择进入与否。如果在位企业创新成功，则不进入，如果创新失败，则潜在竞争企业以 p 的概率进入市场。一旦潜在进入企业成功进入，则在位企业失去所有市场；如果没有进入者，企业按照原先方式定价。假设企业 j 的初始生产率为 φ_j^0。企业首先进行提高生产水平的创新投入，然后再进行生产。如果创新成功，企业生产率提升为 φ_j^1，$\varphi_j^0 < \varphi_j^* < \varphi_j^1$。假设创新成功的概率为 z（z 可视为创新强度），需要消耗固定成本 $f = 1/2z^2$，如果创新失败或没有创新，企业生产率依旧维持在初始水平 φ_j^0。

潜在竞争企业观察到在位企业的创新结果后，再选择是否进入市场。$\varphi_j^0 < \varphi_j^* < \varphi_j^1$，如果在位企业创新成功，生产率将大于潜在竞争企业，因此潜在竞争企业不会进入。如果在位企业没有创新或创新不成功，则潜在竞争企业进入可能性为 p。p 可以看成衡量进入壁垒或管制程度的指标，p 越大，则进入壁垒越低，管制越松。

根据式（6.1），在位企业的利润函数是：

$$\max{}_z \pi = \beta \left[z\varphi_j^1 + (1-z)(1-p)\varphi_j^0 \right] - 1/2z^2 \qquad (6.2)$$

一阶条件得：

$$z^* = \beta\varphi_j^1 - \beta(1-p)\varphi_j^0 \qquad (6.3)$$

式（6.2）说明，在两种情况下在位企业有可能获得正利润：一是在位企业创新成功，生产率提高，新企业选择不进入，该事件概率为 z；二是在位企业创新失败，生产率不变，但此时新企业没有进入，因此在位企业能够获得利润，该事件发生的概率为 $(1-z)(1-p)$。

式（6.3）对 p 求导可得：

$$\partial z / \partial p = \beta\varphi_j^0 > 0 \qquad (6.4)$$

式（6.4）说明，当潜在企业进入的威胁越大（即进入壁垒越低、管制越松），为了防止市场丢失，在位企业创新投入就越大，创新成功概率就越高，生产率提高的可能性就越大。因此，在完全竞争的情况下，管制程度越松，越有利于生产率增长。

6.4.3　不完全竞争市场下的进入

不完全竞争下，$\alpha \neq 1$。进入促进在位企业创新的分析不适用于垄断竞争的市场。对在位企业来说，差异产品的存在使市场内在位企业的价格（即生产率）参差不齐，在位企业根本无须提升生产率也能获取利润；对进入者来说，比之完全竞争时要求的生产率水平，进入条件也放松了，即使生产率低于在位企业，只要产品差异存在并且进入成本较低，就可以进入并获得利润。因此，对产品差异较大即自然垄断性较强的行业，管制虽然影响到潜在进入企业，却无法影响在位企业，因为在位企业受到垄断保护，实力也较强，不受进入威胁影响。这就是说，进入管制可能和在位企业创新没有明显关系。这还意味着一种反面情况，即在行业差异性较强的情况下，如果进入管制较严，进入者只需突破管制性壁垒，就可能以低效率的方式存在于市场上。因此，在不完全竞争的情况下，进入对生产率有可能存在不明显甚至是负面的影响。

6.5

进入管制影响生产率的实证分析

6.5.1 衡量生产率：第三产业的产出、资本投入和劳动投入

2004 年，统计部门根据第一次全国经济普查对服务业数据进行了修订，为了保持统计口径的一致，本书采用 2003～2010 年的数据进行计算，其中，2003～2004 年的数据采用《中国国内生产总值核算历史资料 1952～2004》的修订数据。（1）产出用增加值表示，各省的第三产业及分行业的增加值按照统计年鉴中各自的增加值指数换算成 2003 年不变价。（2）在以往的计算中，由于有些省份第三产业的物质资本积累小于净投资，利用永续盘存法计算出的资本存量为负（徐现祥，2007），这样将造成 $\ln K$ 数值缺失，为了避免这种情况发生，K 用全社会固定资产投资代替，并按照各省固定资产投资价格指数平减，得到 2003 年不变价固定资产。数据可从各年第三产业统计年鉴中获得。（3）L 为统计年鉴中 2004～2010 年的指标"各地区按行业分城镇单位就业人员数（年底数）"。

服务业的生产函数为规模报酬不变的 C - D 生产函数：$Y = Ae^{\lambda t}K^{\alpha}L^{1-\alpha}$。将等式两边同除以 L 并取对数得：

$$\ln(Y_{it}/L_{it}) = \ln A + \lambda t + \alpha\ln(K_{it}/L_{it}) + \varepsilon_{it} \qquad (6.5)$$

其中，$\varepsilon_{it} = \mu_{it} + \theta_i$。$\theta_i$ 即固定效应，用来控制该地区不随时间变化的因素差异影响。实证表明，使用固定效应模型优于随机效应模型[1]。对式（6.5）回归，可得资本的产出弹性 $\hat{\alpha}$ 和劳动的产出弹性 $1 - \hat{\alpha}$。将其代入全要素生产率

---

[1] 以第三产业为例，Hausman 检验值 38.42，P 值约为 0，因此，拒绝随机效应和固定效应一致的原假设，使用固定效应模型。其他行业也是如此。

（TFP）的计算公式：

$$TFP = \exp\left[\ln Y - \hat{\alpha}\ln K - (1 - \hat{\alpha}\ln L)\right] \tag{6.6}$$

而 t 年的全要素生产率增长率为：

$$GTFP_t = (TFP_t - TFP_{t-1})/TFP_{t-1} \tag{6.7}$$

t 年的劳动生产率①增长计算公式为：

$$GLP_t = (LP_t - LP_{t-1})/LP_{t-1} \tag{6.8}$$

6.5.2 衡量进入管制程度

进入管制程度用企业的实际进入情况反映。根据前文的分析，我国服务业的进入管制，主要体现为非国有、集体所有企业的准入障碍。企业的进入管制，一方面是资本受到管制，另一方面是劳动力受到管制。故本章用行业新增其他单位（除去国有、集体）职工占所有职工人数之比以及其他单位职工增长率来表示劳动力方面的进入管制，用行业新增私有或港澳台外的固定资产投资占全社会投资指标以及私有或港澳台外固定资产投资增长率来表示资金方面的进入管制。数据主要来自国家统计局数据库以及各年第三产业统计年鉴。

估计进入管制对服务业生产率影响的模型是：

$$y_{it} = \alpha + \beta_0 E_{it} + \beta_1 E_{it-1} + \beta_2 t + \gamma_i + u_{it} \tag{6.9}$$

其中，y 代表生产率增长。i 代表各地区（$i = 1, \cdots, 31$）。E 是衡量管制程度或者是进入壁垒的指标，因为政策发挥效应有一定的滞后性，本章加入了 E 的滞后项。t 是代表年份的哑变量，用来控制该年份可能的经济波动对生产率的影响。γ_i 控制该地区不随时间变化的因素差异对服务业生产率的影响的固定效应。

6.5.3 描述性统计

表 6-8 计算了我国服务业 2003~2010 年劳动生产率、全要素生产率以及人均固定资本存量（K/L）的情况。劳动生产率和人均固定资产投资随着时间增长而增加，可能是受到金融危机的冲击，全要素生产率在 2009 年小幅下降，

---

① 由于资本存量计算方法可能对结果产生影响，因此本章也使用了不含资本要素的劳动生产率指标。

之后又持续上升。表6-9则是服务业各部门非国有、集体职工占总就业随时间变化的数据。通过对该表的分析可以发现：（1）虽然总体来看非国有就业的比重不及制造业，但各行业非国有就业的比重在逐年扩大。（2）带有自然垄断性质的行业如交通运输、仓储和邮政业及水利、环境和公共设施管理业的非国有就业比重相对较小，信息传输、计算机服务和软件业，批发和零售业，住宿和餐饮业，房地产业非国有就业比重较高，说明这几个行业进入管制较松。

表6-8 服务业描述性统计

年份	劳动生产率	全要素生产率	人均固定资产投资
2003	3.1140	2.3997	1.8162
2004	3.2731	2.4576	1.9356
2005	3.5196	2.5264	2.1622
2006	3.8187	2.5628	2.5175
2007	4.2475	2.7134	2.8763
2008	4.5029	2.8094	3.0902
2009	4.7665	2.7016	3.9496
2010	5.1127	2.7311	4.6480

表6-9 各行业其他单位职工占比变化 单位:%

行业＼年份	2003	2005	2006	2007	2009
交通运输、仓储和邮政业	16.24	22.13	24.71	26.50	31.31
信息传输、计算机服务和软件业	36.54	48.12	51.20	56.86	62.08
批发和零售业	30.91	43.07	48.19	51.59	61.97
住宿和餐饮业	47.05	54.11	57.68	61.22	66.80
金融业	16.07	26.64	32.34	35.76	49.25
房地产业	48.94	61.12	65.53	67.97	72.35
租赁和商务服务业	24.46	30.58	33.49	36.07	43.29
科学研究、技术服务和地质勘查业	12.60	14.06	15.02	15.90	20.56
水利、环境和公共设施管理业	3.66	5.28	6.26	6.93	8.40
居民服务和其他服务业	29.47	35.17	36.00	35.65	38.38
教育	0.43	1.03	1.16	1.34	2.48
卫生、社会保障和社会福利业	0.64	1.51	1.78	1.93	2.63
文化、体育和娱乐业	5.74	7.26	7.72	8.94	11.80
公共管理和社会组织	0.09	0.18	0.24	0.15	0.73

6.5.4 回归结果

验证进入管制对生产率的影响，对式（6.9）进行回归。表6－10和表6－11分别展示了使用劳动力指标和使用固定资产投资指标衡量的结果。表6－10显示，在使用劳动力指标时，其他单位职工的增长对两种生产率增长有不显著的负面影响。在使用投资指标的表6－11及表6－12中，除了新增港澳台外资投资增长率对生产率增长有一定的正面影响外（其滞后项系数依旧为负），其他解释变量的系数都是显著或不显著的负值。

表6－10　　　　管制对服务业生产率增长之影响（劳动力指标）

变量	GLP	GLP	GTFP	GTFP
new	－1.257 (0.930)		－0.620 (0.539)	
L. new	－1.200 (0.883)		－0.696 (0.512)	
growth		－0.000217 (0.000427)		－0.0327 (0.0337)
L. growth		－0.000133 (0.000371)		－0.0466 (0.0355)
常数项	0.120 *** (0.0410)	0.0905 (0.115)	0.0490 ** (0.0237)	0.0508 ** (0.0203)
时间项	包括	包括	包括	包括
Observations	151	17	151	149
R-squared	0.105	0.516	0.205	0.221

注：括号内为标准差。*** p<0.01，** p<0.05，* p<0.1。下同。New 表示新增其他单位职工占比，growth 表示新增其他单位职工增长率。

表6－11　　　　管制对服务业生产率增长之影响（投资指标）

变量	GLP	GLP	GTFP	GTFP
new_pri	－0.168 (0.394)		－0.706 *** (0.257)	
L. new_pri	－0.396 (0.452)		－0.0880 (0.294)	

续表

变量	GLP	GLP	GTFP	GTFP
new_for		− 0. 464		− 0. 741
		(0.823)		(0.581)
L. new_for		− 1. 458 **		− 0. 949 **
		(0.601)		(0.424)
Constant	0.0988 ***	0.0813 ***	0.0381 *	0.0126
	(0.0328)	(0.0121)	(0.0213)	(0.00857)
时间项	包括	包括	包括	包括
Observations	90	90	90	90
R-squared	0. 034	0. 133	0. 567	0. 541

注：new_pri 表示新增私营固定资产投资占比，new_for 表示新增港澳台外固定资产投资占比。

表 6 – 12 管制对服务业生产率增长之影响（投资指标）

变量	GLP	GLP	GTFP	GTFP
growth_pri	− 0. 0267		− 0. 101 ***	
	(0.0518)		(0.0335)	
L. growth_pri	− 0. 0600		− 0. 0176	
	(0.0588)		(0.0379)	
growth_for		0. 00153		0. 000243
		(0.0275)		(0.0196)
L. growth_for		− 0. 0550 **		− 0. 0307 *
		(0.0248)		(0.0177)
Constant	0.0990 ***	0.0820 ***	0.0367 *	0.0100
	(0.0284)	(0.0121)	(0.0184)	(0.00863)
时间项	包括	包括	包括	包括
Observations	90	90	90	90
R-squared	0. 039	0. 153	0. 576	0. 543

注：growth_pri 表示新增私营固定资产投资增长率，growth_for 表示新增港澳台外固定资产投资增长率。

6.5.5 稳健性检验

考虑到用其他单位职工占比变化以及民营固定资产投资变化衡量管制的松紧程度可能不够全面，我们又使用了樊纲等（2009）测算的 2003 ~ 2007 年的市场化指数变化来衡量管制的松紧程度，结果总结为表 6 – 13。在表 6 – 13 中，市场化指数变化依旧对服务业生产率增长有不显著的负面影响。

表 6 – 13　　　　市场化指数变化对服务业生产率增长之影响

变量	GLP	GLP	GTFP	GTFP
gmi	− 0. 44 − 0. 056		− 0. 00796 − 0. 0314	
l. gmi		− 0. 0396 (0. 0558)		− 0. 0202 (0. 0313)
Constant	4. 22 *** − 0. 043	0. 0926 ** (0. 0432)	0. 0822 *** − 0. 0243	0. 0476 * (0. 0242)
时间项	包括	包括	包括	包括
Observations	124	124	124	124
R-squared	0. 074	0. 067	0. 078	0. 079

由于我国国有企业在服务业中的绝对垄断特征，放松管制不一定体现为民营资本的进入，也有可能体现为国有企业的退出。为此，本章又以新增国有及集体职工占比变化以及新增国有集体固定资产投资变化为解释变量，对式 (6.9) 进行回归，得出表 6 – 14 和表 6 – 15。

表 6 – 14　　　　管制对服务业生产率增长值影响（劳动力指标）

变量	GLP	GLP	GTFP	GTFP
growth_soe	− 0. 0123 (0. 0397)		− 0. 0488 ** (0. 0226)	
L. growth_soe	0. 0146 (0. 560)		0. 0451 (0. 318)	
new_soe		− 0. 0167 (0. 0535)		− 0. 0598 * (0. 0307)
L. new_soe		− 0. 164 (1. 086)		0. 189 (0. 623)
时间项	包括	包括	包括	包括
Constant	0. 0621 ** (0. 0304)	0. 0605 ** (0. 0285)	− 0. 0472 ** (0. 0189)	− 0. 0430 ** (0. 0174)
Observations	151	186	155	151
R-squared	0. 099	0. 068	0. 179	0. 203

注：growth_soe 表示新增国有集体职工增长率，new_soe 表示新增国有集体职工比重。

表6-15 管制对服务业生产率增长值影响（投资指标）

变量	GLP	GLP	GTFP	GTFP
new_soe	0.00981 (0.0568)		−0.360 *** (0.0841)	
L. new_soe	0.0406 (0.0568)		−0.245 *** (0.0841)	
growth_soe		0.0586 (0.172)		−0.0973 *** (0.0357)
L. growth_soe		0.0896 (0.169)		0.0516 (0.0357)
Constant	0.0510 (0.0361)	0.0516 (0.0348)	2.939 *** (0.0534)	−0.00423 (0.0226)
R-squared	0.023	0.013	0.422	0.592
Observations	90	90	90	90

注：growth_soe 表示新增国有集体职工增长率，new_soe 表示新增国有集体职工比重。

表6-14 和表6-15 表示，国有垄断力量的下降（增加）对服务业全要素生产率的增长（降低）有显著的正面影响，而国有垄断势力的减少对服务业劳动生产率的影响不明显，解释力度也不及全要素生产率（R 方较小）。这从一个侧面证明，国有垄断企业多集中在资本密集型的行业，提高劳动生产率的方式主要是追加资本而非提升技术水平。

6.6

进一步的分析和结论

本章的实证分析发现，当放松管制体现为私营以及外资企业实际进入和市场自由化时，它对生产率增长具有负面或不相关的作用。当用港澳台外的新增固定资产投资衡量放松管制程度时，存在正面但不显著的关系。但这些结果并不能说明放松对民营资本的管制影响服务业生产率的增长或者不应当引入竞争机制，因为，当它体现为国有以及集体企业垄断力量的下降时，它显著地促进了生产率的增长。如上结果表明我国服务业政策制定和发展现状上的复杂问题。根据本章的理论分析，在完全竞争情况下的自由进入可以提升生产率，在不完全竞争下并不一定如此。于是，有以下几种可能存在：

第一，服务业在市场化进程中出现了结构性失衡。如果高生产率行业管制严、进入壁垒高，而低生产率的劳动密集型行业管制松、进入壁垒比较低，那么进入壁垒的降低和管制的放松将使低进入壁垒的行业发展迅速，大部分劳动力和资本也将流入这些行业。整体上看，服务业中高生产率的行业占比高，其总体生产率就高。我国服务业中，国有企业多集中在生产率高的行业，私营企业多集中在生产率低的行业。市场化进程中进入主要发生在生产率低的行业，这种形式的进入必然使整体上生产率下降。如图 6-2 所示，市场化程度较高的几个行业，如信息软件业、批发零售业、住宿餐饮业、租赁和商务服务业，占增加值比重不足 35%，但在 2010 年吸纳其他单位就业人员的行业中，这几个行业却占了 47%。而这些行业中，进入又主要发生在生产率低的行业，生产率高的行业所占份额不高。以劳动密集型的批发零售业为例，该行业市场化程度较高（其他单位就业人员占比第一位，为 21.87%），占第三产业增加值的 19.58%，超过房地产业（12.6%），居所有服务业之冠；而该行业的私人投资也仅次于资本密集度较高的房地产业，居第二位（3838 亿元）。同样市场化程度较高的知识密集型行业——信息软件业，增加值仅有第三产业增加值的 5.51%，私有投资量也不大（255.3 亿元）。

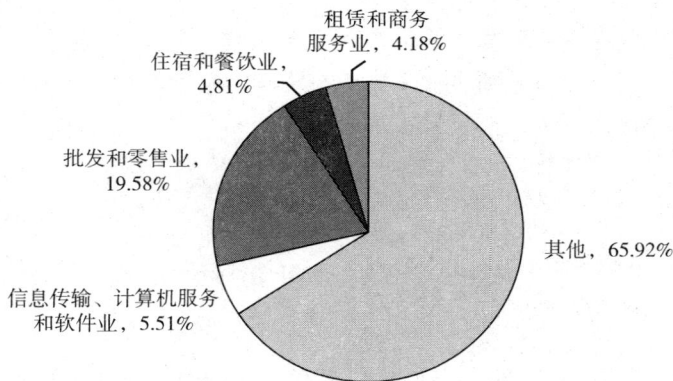

图 6-2　2010 年行业增加值占第三产业比重

第二，服务业某些行业的现有垄断势力过强，或者受到极强的保护。一方面，现有垄断势力维持着低效率的生产，但因为受到保护，其他资本进入市场对在位垄断势力没有威胁作用，现有垄断势力没有动力改进生产率，市场内部不创新；另一方面，如果强化制度性壁垒，可能从另一方面弱化了市场性壁垒。现有垄断势力低效率的现状使进入企业只需跨越进入管制这道障碍，便可以在市场内以低效率和国有企业并存（汪伟、史晋川，2005），因此，新进入企业的生产效率也不高。两方面的作用弱化了新企业进入对生产率的促进作用。

第三，对于民营资本的管制可能并未放松。虽然民营资本的进入确实有所增加，但民营资本的生存环境进一步恶化，而对国有垄断力量的保护却增强了。这种保护，可能以另一种形式出现，譬如近年某些地方某些行业的"国进民退"现象，譬如最近提出的"公益型国企"和"竞争型国企"，这些国企很多都是上市公司。又如，2006～2010年，在交通运输、仓储和邮政业、信息传输计算机服务和软件业、金融业、水利、环境和公共设施管理业等高利润行业上，国有和集体投资一直占90%、70%、83%左右；而从劳动力方面来看，2006～2009年，高利润高生产率行业的国有职工占服务业所有国有职工的比重（图6-3中实线部分）呈现出稳定或是上升趋势，而其他类型职工占服务业所有其他类型职工的比重（图6-3中虚线部分）除了金融业外却有下降趋势。现有垄断势力保护带来的效率损失中和了市场化的效率提升，如果左手放松对民营资本的管制，右手加强对国有资本的垄断保护，这样的开放政策就难以发挥预期效果。表现在实证结果上，就可能出现垄断力量下降促进生产率提升，而自由化程度上升反而对生产率没有影响的局面。

第四，完全自由进入在服务业中可能无法实现社会福利的最大化（陈艳莹等，2008）。市场经济必须建立在公正透明的法治基础上，完全放开进入管制，在现有环境下经常体现为监管空白或监管不到位。例如，对于新兴的电子商务业及物流业，就存在市场准入标准过低、企业资质良莠不齐、市场竞争混乱无序的混乱局面。在如此背景下，大量缺乏资质的民营资本进入，对行业效率的提升无疑是没有帮助的。因此，设立进入行业达到的最低质量标准，能够增加社会福利（Ponsati and Sakovics，2008）。

以上几个问题的存在正是我国服务业垄断性过强、市场化程度不够、国有企业改革相对缓慢、民营资本经营环境较差的体现。因此，本章的研究意义和政策内涵十分明确，那就是：首先，明确政府在服务领域的主要职能，缩短过长战线，退出一般竞争性领域，对于能够引入竞争的行业，引导民间资本进入；对于目前难以开放的行业，推动现有国有企业的市场化改革，引入内部的竞争机制，提升生产效率，逐渐实行政企分离。其次，优化对服务业民间资本的经营环境，放宽对民间资本不合理的市场化准入限制，加强对服务业企业的融资支持，逐渐消除对民间资本的歧视和不公平待遇，允许各种性质的企业进入市场；再次，取消不对称的进入管制，对于制造业和服务业，至少要采取一视同仁的政策；最后，强化对于企业的非进入管制（如服务质量等），完善相

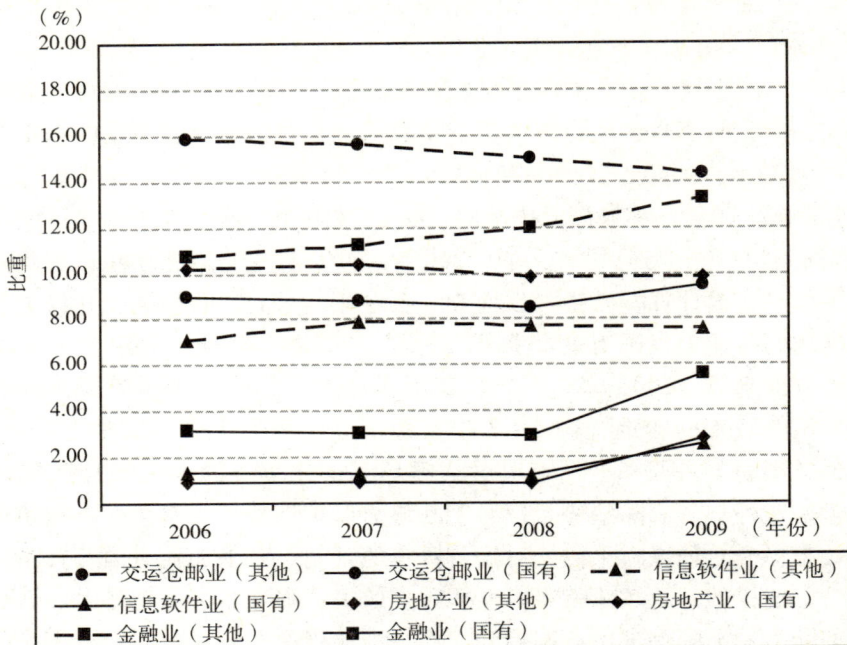

图 6 - 3　分所有制职工占比

关法规、行业质量标准和竞争秩序的制定，发挥行业协会及其他社会组织的作用，以维护有效的公平竞争，随着法治建设水平的推进，逐步为服务业健康发展提供有力的保障。

参考文献

1. 陈艳莹、原毅军、游闽：《中国服务业进入退出的影响因素——地区和行业面板数据的实证研究》，载《中国工业经济》2009 年第 10 期。

2. 樊纲、王小鲁、朱恒鹏：《中国市场化指数：各地区市场相对进程 2009 年报告》，经济科学出版社 2010 年版。

3. 顾乃华：《我国服务业渐进性体制改革路径成因分析》，载《江海学刊》2006 年第 4 期。

4. 孙燕铭：《我国政府干预下的市场壁垒对产业绩效的影响》，载《经济理论与经济管理》2010 年第 10 期。

5. 汪伟、史晋川：《进入壁垒与民营企业的成长——吉利集团案例研究》，载《管理世界》2005 年第 4 期。

6. 王俊豪主编:《管制经济学原理》,高等教育出版社 2007 年版。

7. 肖林:《市场进入管制研究》,经济科学出版社 2007 年版。

8. 徐现祥、周吉梅、舒元:《中国省区三次产业资本存量估计》,载《统计研究》2007 年第 5 期。

9. 杨骞、刘华军:《中国烟草产业行政垄断及其绩效的实证研究》,载《中国工业经济》2009 年第 4 期。

10. 应松年、袁曙宏、马怀德:《走向法治政府:依法行政理论研究与实证调查》,法律出版社 2001 年版。

11. 植草益:《微观管制经济学》,中国发展出版社 1992 年版。

12. 国务院发展研究中心市场经济研究所课题组:《经济结构优化调整中着力促进服务业发展的制度环境研究》,载《经济研究参考》2011 年第 40 期.

13. Aghion, P., R. Blundell, and R. Grif, entry and Productivity Growth: Evidence from Microlevel Panel. Jounal of the European Economic Association, 2004. 2 (May 2004): pp. 265 – 276.

14. Alesina, A., et al., Regulation and investment. Journal of the European Economic Association, 2005. 3 (4): pp. 791 – 825.

15. Bertrand, M. and F. Kramarz, Does entry regulation hinder job creation? Evidence from the French retail industry. The Quarterly Journal of Economics, 2002. 117 (4): pp. 1369 – 1413.

16. Collier, p. and D. Dollar, Can the world cut poverty in half? How policy reform and effective aid can meet international development goals. World development, 2001. 29 (11): pp. 1787 – 1802.

17. Dixit, A. K. and J. E. Stiglitz, Monopolistic competition and optimum product diversity. The American Economic Review, 1977: pp. 297 – 308.

18. Fisman, R. and V. Sarria – Allende, Regulation of entry and the distortion of industrial organization. 2004, National Bureau of Economic Research.

19. Helpman, E., Trade, FDI, and the Organization of Firms. 2006, National Bureau of Economic Research.

20. Klapper, L., L. Laeven, and R. Rajan, Entry regulation as a barrier to entrepreneurship. Journal of Financial Economics, 2006. 82 (3): pp. 591 – 629.

21. Mankiw, N. G. and M. D. Whinston, Free entry and social inefficiency. The RAND Journal of Economics, 1986: pp. 48 – 58.

22. Nicoletti, G. and S. Scarpetta, Regulation, productivity and growth: OECD evidence. Economic Policy, 2003. 18 (36): pp. 9 – 72.

23. Ponsatí, C. and J. Sákovics, Queues, not just mediocrity: Inefficiency in decentralized markets with vertical differentiation. International Journal of Industrial Organization, 2008. 26 (4): pp. 998 – 1014.

24. Poschke, M., The Regulation of Entry and Aggregate Productivity *. The Economic Journal, 2010. 120 (549): pp. 1175 – 1200.

25. von Weizsacker, C. C., A welfare analysis of barriers to entry. The bell journal of economics, 1980: pp. 399 – 420.

第7章

服务业国际化、本地化与生产率
——基于企业数据的研究

本章主要讨论国际化与生产率的关系。国际化和前面章节的市场化是类似但又有所不同的两个概念。从范围来看，市场化是针对国内；而全球化是面向国际。从内容来看，市场化主要是指引入自由竞争，这其中包括了引入外资参与竞争，因此，市场化也有一定的国际化内涵；而国际化主要是指对外开放、参与国际竞争，也可以看成全球范围内的市场化。对于发展中国家来说，市场化的效应主要是竞争效应，但国际化的效应不仅包括了竞争效应，还包括了专业化效应，以及外部效应：技术扩散，即相对落后的国家可以通过对外开放过程中的"干中学"来提升经济绩效。

然而，服务业的特性使得这个问题变得复杂了。由对服务业集聚的分析可以知道，因为生产和消费的一体化以及服务的不可分割性，服务业的集聚性比制造业强，也就是说服务业的本地化特性比制造业更强。来自国内的力量和来自国外的力量都能够影响生产率。到底是本地一体化的力量对我国服务业企业的作用更大，还是全球范围内一体化的作用更大呢？本章主要讨论这个问题。

7.1
服务本地化与国际化

7.1.1 服务业的本地化特性

经济全球化的后来者是服务业。服务全球化在近十年来才开始加速。根据世界银行颁布的世界发展指数，世界货物贸易总额占世界 GDP 的比重远远高于服务贸易总额占世界 GDP 的比重（见图 7-1）。货物贸易占 GDP 的比重大多在 30%~50% 左右，服务贸易长期低于 10%，直到 2004 年才达到 10.6%。从货物或服务贸易占对外贸易的份额来看，这种差距甚至更大（见表 7-1）。为何货物贸易和服务贸易的数量差距如此悬殊？这要从服务和货物（即服务产出和制造品）的特性说起（见图 7-2）。

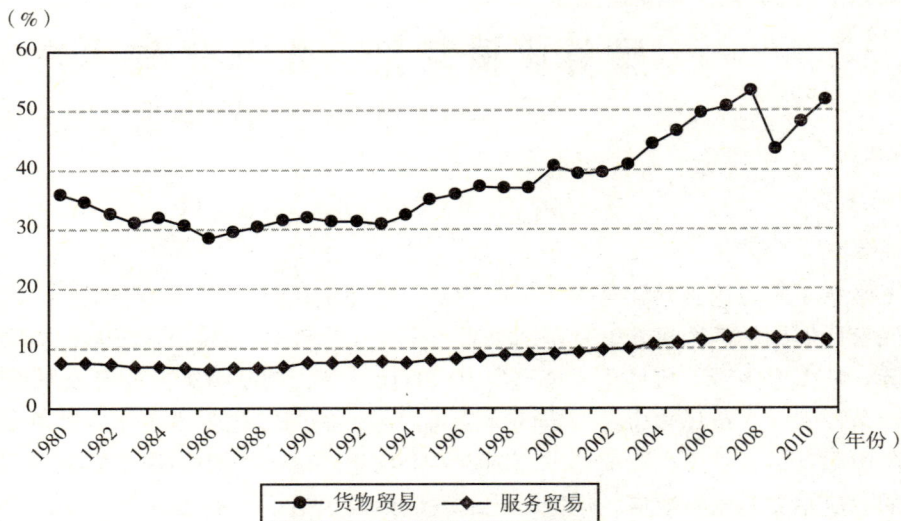

图 7-1 世界货物贸易与服务贸易占世界 GDP 比重（1980~2011 年）

资料来源：世界银行发展指数（2012）。

表 7-1　　　　2010 年世界主要国家（地区）服务贸易与货物贸易情况

	对外贸易总额（亿美元）	服务贸易占比（%）	货物贸易占比（%）
美国	41 238.49	21.25	78.75
德国	28 278.41	17.40	82.60
日本	17 585.66	16.76	83.24
英国	13 535.45	28.65	71.35
法国	13 979.03	19.42	80.58
意大利	11 363.79	18.04	81.96
中国	33 353.42	10.87	89.13
西班牙	7 695.43	27.24	72.76
荷兰	13 096.47	16.75	83.25
印度	7 866.06	30.44	69.56
欧盟（27）	134 822.00	22.05	77.95
世界	378 427.00	19.04	80.96

资料来源：International Trade Statistics Database，WTO.

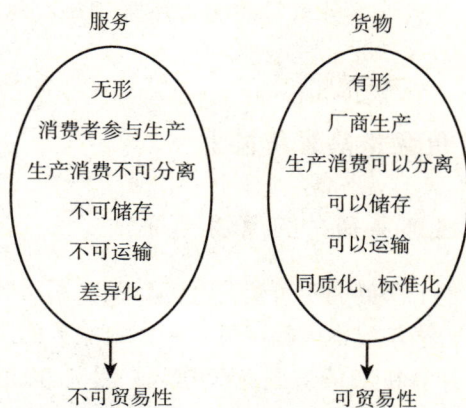

图 7 - 2 服务与货物的性质对比

服务无形、生产消费的一体化使服务不具有储存和运输性。如果要交换传统意义的服务，就需要消费者和生产者在时间和空间上没有距离地面对面交易。这样一来，服务在跨境贸易时就受到时间和空间的约束，既不可能拆分成一道道工序在各地生产，也不可能将"服务"这种无形物质运到某地销售。于是服务企业的选址一般都紧贴市场，实现"本地化"生产消费。在服务生产和消费的这个过程中，跨境贸易就很难发生，因此"本地化"特性又是服务的"不可贸易性"。而货物因为有形、可运输，企业可以根据利润最大化的原则选址。在一个产品周期中，生产者位于某地生产，通过交通工具运输，最后由另一区域的消费者最终消耗，贸易随之而产生。

服务的特性除了导出"本地化"特性和"不可贸易性"，还使服务贸易的形式变得复杂。如果说货物贸易交易的方式主要是商品跨境的生产、流动或消费，那么服务贸易交易的方式只有较少一部分满足"服务跨境交易"，其他则以生产者、消费者、生产要素中的一个跨境移动来完成。货物贸易是"物的国际流动"，服务贸易则是"人和物的跨境流动"（Grubel，1987）。WTO 的服务贸易总协定（General Agreement on Trade in Services，GATS）较全面地对服务贸易的模式做了规定。模式一：跨境贸易（cross-border supply），即服务提供者从一国境内向他国消费者提供服务，该过程没有服务提供者或消费者的移动，如跨境网购。模式二：跨境消费（consumption abroad），即服务消费者移动到他国境内消费服务，如旅游。模式三：商业存在（commercial presence）。企业通过在他国设立机构向他国消费者提供服务，如国际连锁酒店。模式四：自然人移动（movement of natural persons），即自然人通过移动到他国提供服务，如从国外聘请医生等。如上定义的服务贸易形式过于复杂，自然给服务贸易的统计带来困难，这也是造成服务贸易比重偏低的一个原因。

7.1.2 服务业国际化的驱动因素

1. 技术因素：服务业的"可贸易革命"

服务的本地性决定了服务的不可贸易性。然而在网络和通信、交通技术出现巨大进步的背景下，通信成本大幅降低，距离对服务的阻碍被削弱，服务不可贸易性被突破了。计算机和信息服务业作为一种知识密集型的生产性服务业，改造了许多服务业的不可贸易特征。江小涓（2008）总结了信息技术对服务可贸易性的作用：一是远距离连接服务生产和消费。信息技术使离岸服务成本大大降低，组织和管理大为简化。信息技术还创造出网上交易、远程教育和医疗、视频会议等新的跨境服务消费方式。二是信息技术使知识能够编码化和标准化。研发、设计、编程等以知识为基础的服务可以分解为模块或片断分散进行，同时通过网络即时连接和同步推进。三是信息技术为无形、不可储存的服务提供了有形载体，例如以往必须"生产者"和"消费者"都到场的音乐会，可以通过数字技术音像制品变为有形和可储存产品，从而具备了可贸易性。根据弗罗因德和温霍尔德（Freund and Weinhold，2002）的文章，互联网用户数量的增长和一国服务贸易的增长速度正相关，一个国家互联网普及率增长10%，服务出口平均增长1.7%，服务进口增长1.1%。

加尼（Ghani，2010）把技术进步对服务国际化发展的贡献通俗地用3T理论概况（technology，transportability，and tradability）：信息和通信技术"切割"和"实体化"了服务，那些被通常认为是发展停滞、必须面对面交易的个人服务，如金融、保险、通信等服务，如今已经被信息技术以较低的成本转化为可运输、可贸易的部分，是服务业引导经济增长的前提条件。

2. 经济因素

全球化市场日益激烈的竞争推动着服务业像制造业一样国际化。消费者越来越追求更新更快更好的产品，必须采取各种措施降低成本。发展中国家廉价的劳动力成本，使许多服务在那里能够以更低的价格提供。根据国际贸易理论，在劳动密集型行业中，相对高工资的发达国家要和劳动力丰裕的发展中国家竞争是很困难的。技术的巨大进步，促使跨国公司将劳动密集型服务以和制造业外包活动一样的方式配置到国外，是驱动服务国际化的经济因素。而反过来，不熟练劳动力份额较大、技术水平较低的发展中国家，对发达国家技术密集型的高端服务，也必然有着需求。这也是服务业国际化中经常被忽视的另一股潮流。

3. 常规因素

服务业国际化的第三种驱动因素是进入 21 世纪以来，各国解除管制、扩大服务业开放、促进贸易自由化的政策。它扫除了服务业国际化的体制障碍。如欧洲国家已经在逐步解除管制，开放国际服务贸易；印度成立了 IT 国家工作小组，确定了把印度转变为领先的 IT 外包目的地的长期战略，并且为外国公司提供了各种税收减免。

从某个角度看，一旦体制障碍消除，服务业国际化的速度可能比制造业更快。借助信息技术的服务的流动虽然是无形的流动，但却更加接近完美：没有关税，没有国界，流动的速度比货物更快，流动的壁垒比货物更小，更有利于国际化。

7.1.3 我国服务业的国际化

与国际水平相比，我国服务业国际化发展势头迅猛，但国际化程度滞后、贸易结构不均衡。根据 UNCTAD 数据①计算，2000 年，世界服务贸易进出口总额为 30 709.96 亿美元，2010 年，进出口总额为 73 507.22 亿美元，增长了 139%。我国大陆地区 2000 年服务出口额为 304.31 亿美元，2010 年出口额为 1 712.03 亿美元；2000 年服务进口额为 360.31 亿美元，2010 年进口额为 1 933.21 亿美元，出口和进口额分别较 2000 年增长了 463% 和 437%，远远高于世界同期平均增速。

相对于货物贸易，我国服务贸易远远落后于世界平均水平。2010 年，我国对外贸易总额居世界第二位，仅次于美国；服务贸易出口居世界第四位，服务贸易进口居世界第三位。在贸易和服务贸易前列的国家中，我国是少数的服务贸易占比低的国家。2010 年，我国服务贸易占比为 10.87%，发达国家服务贸易占比基本在 15%~20% 左右，而世界范围内服务贸易占比约为 19.04%，同为发展中国家的印度为 30.44%（见表 7 - 2）。

从贸易结构来看，我国服务贸易长期存在逆差。1995 年起，我国服务贸易开始出现逆差并持续扩大，截至 2010 年，逆差已经达到 - 219.3 亿美元（见图 7 - 3）。从具体行业来看，贸易的一半以上集中在运输和旅游两大传统产业。知识密集型服务业如金融、保险、计算机和信息服务，其进出口贸易额

---

① UNCTAD. org，数据为不变价。

的份额均很低。在"专有权利使用费和特许费"这一项上,出口和进口的对比相当悬殊,反映了我国高端服务发展不足、不能自给的尴尬现实。

表7-2 服务贸易进出口占比统计

行 业	出口		进口	
	2004 年	2010 年	2004 年	2010 年
运输	19.4	20.1	34.3	32.9
旅游	41.5	26.9	26.7	28.6
通讯服务	0.7	0.7	0.7	0.6
建筑服务	2.4	8.5	1.9	2.6
保险服务	0.6	1.0	8.6	8.2
金融服务	0.2	0.8	0.2	0.7
计算机和信息服务	2.6	5.4	1.7	1.5
专有权利使用费和特许费	0.4	0.5	6.3	6.8
咨询	5.1	13.4	6.6	7.9
广告、宣传	1.4	1.7	1.0	1.1
电影、音像	0.1	0.1	0.2	0.2
其他商业服务	25.7	20.9	11.8	8.9

资料来源:中国商务部。

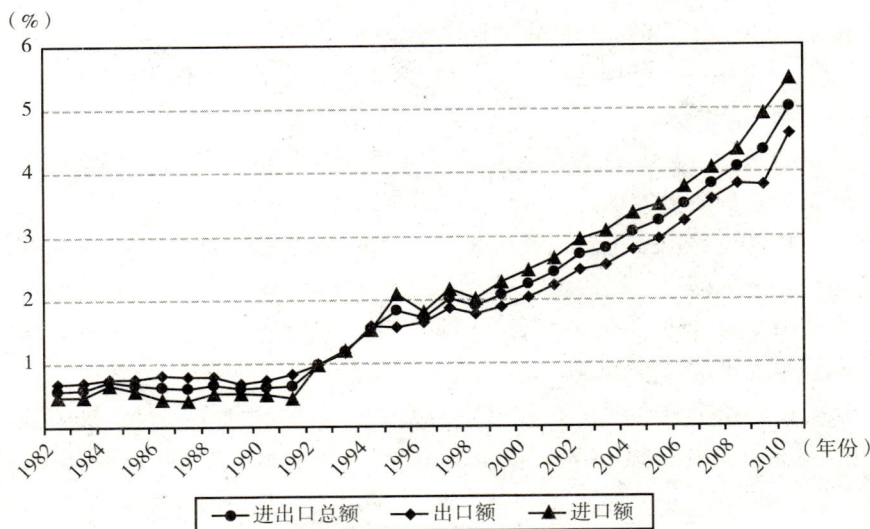

图7-3 中国历年服务进出口占世界比重

资料来源:International Trade Statistics Database;中国商务部。

7.2
文献回顾与本章假设

7.2.1　服务贸易

服务贸易具有复杂性和多样性，大多数讨论服务贸易的文献，都没有建造出一个统一的框架，而是针对不同行业特质，借用制造业的理论进行分析。在这之中，较为突出的是基于企业生产率异质性和贸易关系的贸易理论（Melitz，2003；Bernard et al.，2007；Eaton et al.，2008）。该模型来源自微观层面上企业的贸易数据。由于进入国外市场需要付出一定的固定成本，因此企业生产率的异质性会对企业的贸易行为产生自我选择效应，生产率最低的企业退出市场，生产率最高的企业进入国外市场和国内市场。跨国公司比单纯出口的企业有更高的生产率（Helpman et al.，2006）。沿着这条轨迹，接下来贸易与企业生产率的实证研究先是从制造业起步，近年来才渗透到服务业。大体来讲，这些文献有两种方向两个类别。第一种方向是自我选择效应即生产率对贸易的影响，第二种方向是反过来讨论贸易对生产率的影响。按照进口、出口分类，有四种类型。

第一类讨论出口与自我选择效应的文献，主要关注出口服务企业与非出口服务企业的不同的特征（Kox and Rojas-romagosa，2010；Temouri et al.，2010）。郭霍和罗亚斯－罗马戈萨（Kox and rojas-romagosa，2010）发现，荷兰的服务企业出口参与度和出口强度大大低于制造业，但制造业和服务业的自我选择效应都显著存在，相反地，"出口中学习"的效应不显著。泰莫利等（Temouri et al.，2010）比较了英法德三国的商业服务业，三个国家的出口企业确实工资更高并更具有效率，而出口企业出口前高工资和高生产率的存在证明了自我选择的存在。

第二类是出口是否能够促进企业生产率。即"在出口中学习（learning-by-exporting）"。大多数发达国家的研究认为，这种学习效应比较微弱（Bernard et al.，2007；Wagner，2007），而更多的是自我选择效应。但是，作为可能提高技术水平的政策手段之一，"出口中学习"的假说是发展中国家学者的关注重点。根据比较优势理论，发展中国家的出口主体构成是低技术、低附加值的劳动密集型产品。发达国家的买主对产品质量的要求，迫使发展中国家企业购买设备、提高技术，从而提高生产率；在某些情况下，这些买主还会将知识转移给发展中国家的企业，比如对他们进行技术培训等。另外，出口市场更加激烈的竞争也是企业改善效率的一个动机。由此，企业实现了被动的升级。故这种"出口中学习"的效应可能存在于发展中国家。这方面的实证研究以制造业为主，但并未达成一个统一的结论。从对中国制造业企业层面的研究来看，大部分肯定了出口对生产率的提升（张杰等，2009；余森杰，2011；易靖韬等，2011），但它的存在需要有一定的条件，在戴觅等（2011）的研究中，企业出口与出口前的研发投入有密切关系，并且首次出口后几年这种效果不显著。这说明，多数情形下这种"出口中学习效应"可能是一种短期内生产率的提高，其主要依赖的是对发达国家生产设备的依赖，而不是自身创新能力的提高。

在服务业中，部分出口促进生产率的机理如学习效应、竞争效应等，与制造业是一致的，但服务业自身的特性又使其并不完全与制造业相同。首先，制造业的跨国公司可以把高技术的生产环节保留在母公司，把低技术的部分转移给海外企业，但服务业生产消费一体化，直接面对客户，服务业跨国公司要想利用海外的劳动力成本优势，就必须把母公司成套的业务复制过来，而本土的参加服务贸易的企业，也因为服务需求导向的特性，直接积累了业务能力。其次，服务业的主要生产要素是人力资本而不是物质资本。从发达国家引进的物质资本，如生产设备，会因为时间的推移或贬值或淘汰，而人力资本具有积累性，在出口中干中学的过程，加速了人力资本的增值。因此，出口对于服务业生产率的增长的正面影响，可能比制造业要明显。在人力资本尤其重要的知识密集型服务业，也许更为显著。

第三类是进口服务企业的自我选择效应，与不进行服务贸易的企业相比，进行服务贸易的企业是否具有不同的特征（Breinlich and Criscuolo, 2009；Kelle and Kleinert, 2010）。就现有文献看，企业的自我选择效应强烈地表现在了进口活动上。卡斯泰拉尼等（Castellani et al., 2010）发现，从事进口的企业绩效比从事出口的企业绩效要好。穆尔斯和皮苏（Muûls and Pisu, 2009）研究了比利时服务业的数据，也发现了这个现象。布莱恩里希和克理斯库罗（Breinlich and Criscyiko, 2009）总结了世界第二大服务出口国英国的数据：进行服务贸易的企业规模更大、生产率更高，更有可能是为外资公司或跨国公司的子公司；服务出口企业和服务进口企业相比，进行出口的企业具有规模小、资本密集度低、技术密集度高、生产率高的特点。

第四类是进口能否提高生产率。发展中国家通常劳动力禀赋充裕、技术相对稀缺，出口是低端要素的流出，进口是高端要素的流入，进口的促进作用十分直接。而进口对发达国家企业同样有着提高生产率的正面效果（Kasahara and Rodrigue, 2008; Vogel and Wagner, 2010）。进口国通过进口，除了直接利用出口国研发的中间品导致的企业生产率提高外，还有外溢效应以及竞争效应的存在。和出口提升生产效率的机制类似，外溢效应主要指的是技术学习，也就是"进口中学习"。阿查雅和凯勒（Acharya and Keller, 2008）发现，在长期，进口高技术产品引发了进口国的技术学习，提高了进口国生产率。哈尔彭等（Halpern et al., 2005）发现，进口可以解释匈牙利 30% 的 TFP 增长，而进口高技术产品又占据了这个效应的 50%。竞争效应指的是，进口同类产品加剧了国内企业的压力，他们不得不创新提高效率才能生存（Lawrence and Weinstein, 1999）。进口中间品也能提升企业的生产率（陈勇兵，2012）。对于以进口设备提高生产率的方式，就我国的角度来看，虽然采取引进设备的方式可以获取技术效率的短期提高，但如只是单纯引进，不能有效地消化吸收，本土企业就会落入引进—落后—再引进—再落后的怪圈，受到"俘获"和"锁定"效应的钳制，在长期内对生产率没有正面作用（张杰等，2008）。

总体来说，大部分文献都比较侧重出口。重商主义的思想依旧流行，发达国家的学者关注出口较多。我国执行的是出口导向型发展战略，研究进口的学者也比较少，企业层面的实证研究就更加稀缺。研究服务贸易与生产率关系的文献，由于数据缺乏等各种原因，描述特征或自我选择效应的较多，定量分析服务贸易的促进作用的文献较少，这方面的实证多来自制造业。

总结这些实证研究可以发现，第一，国际化程度最高的企业，即同时参加进口和出口的企业（two-way traders）被证明是生产效率最高的，而单方面参加进口或出口的企业次之（Seker, 2011）。出口企业的生产率比不进行国际活动的企业高（Andersson et al., 2008; Muûls and Pisu, 2009; Castellani et al., 2010; Altomonte and Békés, 2009; Kasahara and Lapham, 2008）。在服务企业中也是如此（Breinlich and Criscuolo, 2009; Muûls and Pisu, 2009）。放在本章的框架下，就是说企业国际化模式越多，国际化程度越高，生产率越高（Tomiura, 2007）。第二，出口和进口提升生产效率的渠道是类似的。关于出口提高生产率的假说还未达成共识，而进口在短期内提高生产率的结论却较为一致。因此本章提出第一组假设：

假设 1a：贸易国际化程度与服务企业生产率正相关，即同时进行进出口的企业生产率高于其他类型的企业。

假设 1b：出口强度与服务企业生产率正相关。

假设 1c：进口技术与服务企业生产率正相关，进口设备与服务企业生产率正相关。

7.2.2 服务业国际直接投资及其溢出渠道：供应链

国际贸易影响发展中国家本土企业技术效率的机制主要有三种：学习模仿效应，竞争效应以及直接帮助效应。这几种外溢效应通过本土企业和海外企业的互动而发生，并以供应链为纽带传导。根据供应链关系，它们又可以细分为：与海外同行业竞争者互动发生的产业内溢出（intra-industry spillover），又称水平溢出（horizontal spillover）；与海外供应商和客户互动发生的产业间溢出（inter-industry spillover），又称垂直溢出（vertical spillover）。垂直溢出中，海外客户企业对本土企业产生的影响为后向关联效应（backward spillover），海外供应商对本土企业产生的影响为前向关联效应（forward spillover）。所谓国际化，从这个角度看，就是在国际化供应链中找到自己的位置，而最国际化的公司，就是供应链的主导者，价值链的链主——对供应链各环节都有控制权的跨国大公司。FDI 的各种溢出机制，不妨看成是供应链上发生的国际化。

水平溢出效应对本土企业的影响主要通过竞争和模仿以及劳动力的流动来实现。海外企业生产效率较高，为了在竞争强度更大的市场上存活，市场内的本土企业必须更有效地利用资源、研发新技术、提高生产率。通过模仿和劳动力的流动，技术从海外同行扩散到本土企业。此为正面的溢出效应，但是，这种水平溢出效应可能会被负面的挤出效应所抵消，因为海外竞争者无疑会挤占本土企业的市场份额和成长机会，吸引当地高质量的劳动力（De Backer et al.，2003）。

通常认为，水平溢出效应影响了海外跨国公司的利益，因此它们会想方设法阻止这种外部性的扩散；垂直溢出效应对跨国公司有利，因此产业间的垂直溢出效应往往要高于产业内的水平溢出效应（Kugler，2001）。后向关联效应对本土企业的正面影响主要体现在：海外客户企业对产品质量、标准、设计的高要求，迫使本土企业提升管理水平和进行技术创新，在这个过程中，客户企业可能会主动给予本土供应企业生产过程中的各种信息和技术支持，比如帮助建立生产设施，在采购上提供帮助，参与产品的生产过程和质量改进，在管理和组织上提供培训，甚至帮助本土企业寻找新客户，等等。另外，海外企业对本土企业产品需求加大，可能引起规模效应。然而后向关联也可能有负面性，比如海外企业对本土供应商的中间产品需求过大，使大量企业进入上游参与竞争产生市场挤出效应，或是本土小规模供应商无法满足高标准的要求，或是无法承担较高的固定成本等。通过前向关联效应，本土企业可以从上游海外供应商获得技术含量较高的产品和服务，直接帮助了本土企业生产效率的提升。

　　经验证据多来自制造业。水平溢出效应一般用外资企业产出（就业）占总产出（就业）比重来衡量。大部分发展中国家的实证研究中，这种效应不够稳健或是为负（委内瑞拉，Aitken and Harrison，1999；保加利亚和罗马尼亚，Konings et al.，2003；捷克，Kosovà，2010），而在发达国家如欧美（Haskel et al.，2007；Keller and Yeaple，2003；Belderbos and Van Roy，2011），溢出效应为正。这个因国家而异的结果的背后，可能隐藏了前面所述的这种情况：海外跨国公司想方设法阻止技术在发展中国家本土企业的扩散，而发展中国家的企业也因为长期从事低技术水平的活动，无暇学习创新，而陷入了"被俘获"的陷阱之中。而在发达国家之间，水平溢出的竞争效应比较显著。从这方面来看，外溢效应根据样本类型的不同，也许存在不同的传导机制。以中国为例，亚伯拉罕等（Abraham et al.，2010）在不同分类的企业中发现了正面的水平溢出，中国学者许和连等（2007）使用工业面板数据用产出表示水平溢出程度时，也发现了正面的溢出效应，但使用就业表示时，溢出效应就不显著了。亓朋等（2008）用企业面板数据时，也并未发现行业间外资企业的外溢效应。垂直溢出效应的实证中，后向关联效应基本为正，如印度尼西亚（Blalock and Gertler，2005），立陶宛（Javorcik，2004），捷克（Stancik，2007），英国（Girma et al.，2007），中国（许和连等，2007）；前向关联效应中，正面作用很少存在，即使存在，也不够稳健（Gorodnichenko et al.，2007；Belderbos and Van Roy，2011）。

　　这些研究从早期的行业层面研究发展到近期的企业层面的研究，由于采取数据和测量方法有差异，关联效应的实证结果不尽一致（Görg and Greenaway，2001）。研究行业基本以制造业为主。格罗德尼申科（Gorodnichenko et al.，2007）的实证涉及了服务业，服务业企业的水平与垂直方向上均呈现出正面的溢出效应，在前向关联效应上，服务业与制造业差别较大。本章认为，几个方向上的溢出机制，如竞争、模仿、示范效应等可能依旧存在，但实证结果会有差别。由于缺乏衡量这几种国际化的数据，本章采用了一个较粗略的方法。即假定供应链的国际化程度和外溢效应成正比，用供应链的国际化程度作为衡量外溢的代理变量，据此提出第二组假设：

　　假设 2a：水平方向上（竞争者）的国际化程度与企业生产率正相关。

　　假设 2b：前向（供应商）的国际化程度与企业生产率正相关。

　　假设 2c：后向（客户）的国际化程度与企业生产率正相关。

7.2.3 本地化

本地性是区别服务业与制造业的一个关键因素。虽然随着信息化的深入，许多不可贸易的传统服务已经可以贸易，现代服务业更是具备了可贸易的特性，但服务的无形性、不可储存性等基本特征依旧存在。合作双方的会面不能被任何技术取代。虽然跨境贸易成为可能，但服务业的利润来源——客户一般是不能移动的。这个性质使服务企业经营时一般采取本地化的战略，也不会像制造企业那样大范围地使用境外要素。本地化的好处显而易见：贴近市场，获取各种信息更加便利。本地要素相对价格便宜，也比较符合当地消费者的口味和习惯。举例来说，服务企业的主要投入要素是劳动力，但很少有服务企业会雇佣大量外籍员工。雇佣外籍员工需要付出较多的工资，还有存在沟通障碍、不熟悉本地市场的可能，因此一般企业只会雇佣少量外籍技术专家。总的来说，服务企业大多被固定在局部市场上。因为距离带来了不可忽视的成本，在实际经营中，服务在贴近市场和优化资源配置间寻找平衡，较多采取本地化的模式。只有当企业国际化活动带来的收益，远远超过跨境配置资源的成本，或是远远小于本地化的收益时，企业才可能进行国际化的经营活动。

水平方向上的本地化不一定对服务企业的生产率有促进作用。这是因为，我国服务业发展水平总体比较滞后，相对于发达国家的服务企业对发展中国家的水平溢出，示范和学习效应较小；即使竞争有促进企业创新提高效率的可能，但监管空白和各项制度的欠缺也会使无序的过度竞争成为可能，从而妨害企业的利润和效率。举例来说，服务企业的创新一般很少以技术专利的形式表现，而经常是比较容易复制的流程或组织方面的创新。如果先创新者的优势被大量后来竞争者加以模仿，就给创新企业带来了负面的外部性。在我国知识产权保护力度不够的情况下，这种情形可能变得更加严重。

由于服务企业一般采用本地要素生产，因此本土供应商与服务企业的前向关联效应不难解释。服务业是对制度敏感的行业，不同国家存在不同的文化和制度差异，跨国寻找供应商的交易成本一般远大于在本国内的交易成本。具有竞争力或者说生产率较高的本国服务企业首先会考虑在本国范围内寻找供货商。正如出口的企业通常是生产率高的企业，跨越本地、在本国区域内寻找合作伙伴的企业因为能够承担一定的交易费用，比之那些仅选择本地供应商的企业，生产率也会比较高。

客户的本地化程度与企业生产率之间的关系则是模糊的。一方面，成功的服务企业能够承担在其他区域的生产、营销等交易费用，吸引到更多的来自其他区域的本国客户，这个比重和企业效率间有正面关系；另一方面，由于不同区域的消费者的习惯和偏好的差异，对产品的要求也千差万别，本地客户与本地服务企业之间的信息不对称程度也要小一些，本地的客户可能更倾向选择本地的服务企业。据此本章认为，客户的本地化程度与服务企业的生产率可能并无明显关系。

同假设2类似，用企业所在区域外国内（供货商或客户）占比来表示本地化程度，据此提出第三组假设：

假设3a：水平方向（竞争者）的本地化程度与企业生产率负相关。

假设3b：前向（供应商）的本地化程度与企业生产率正相关。

假设3c：后向（客户）的本地化程度与企业生产率关系不显著。

7.2.4 影响因素

由于实证研究差异较大，将国际化的影响因素即外溢的条件等多种变量如人力资本、R&D等纳入考虑范围是十分必要的。有不少观点认为，企业自身的吸收能力和所有权是影响外溢的重要条件，这些影响因素也被称为"门槛"。国际化依赖于多种渠道，因此它对生产率的影响并不是绝对的（Damijan，2009）。

以所有权为例，拥有相对优势的高级技术的外资企业为了防止知识外溢，青睐独资更胜于合资（Javorick and Saggi，2004）。合资增加了外资企业的技术泄露风险，比如本土企业可能会将这些信息运用到对外资企业不利的方面。但是，通过合资，外资企业可以利用本土企业在当地的合作关系，建立合资企业比建立独资企业更容易获取资源。我国对于服务行业有较多的管制，外资进入不易；考虑到服务业是面向本地消费者的行业，外资若要进入，寻找一个熟悉当地经济文化和习惯的合作伙伴相对来说风险较小。对于希望吸收国外先进技术、形成自主创新能力的本土企业来说，这是"以市场换技术"。对于进入的外资企业来说，这就是"以技术换市场"，它们必须容许一定程度的技术外溢，才能换来进入本地市场的机会。在中国制造业实证结果中，不同所有权的企业外溢效应各不相同（Abraham et al.，2010）。与美利茨的异质性理论相似，本章认为生产率最高的外资企业能够承担独立开拓市场的费用，在海外建立独资企业，将外溢限制在最小程度，比如在跨国公司的子公司内；生产率次之的外资企业与当地企业合资，容许一定程度的外溢；生产率最低的内资企业通过竞争、模仿、人员流动等效应间接获取外溢。于是生产率按照独资—合资—内资的方式递减，技术扩散也遵循这个顺序，即假设4：

假设4：国际化的外溢效应根据所有制的不同各有差别。

企业的吸收能力是外溢效应发挥的基础。单纯的外资进入并不引发溢出效应。本土企业研发学习能力越强，追赶能力越强，越能够挖掘出潜在的溢出。吉尔玛等（Girma et al.，2001）研究了英国制造业企业的面板数据，发现相较于其他类型的企业，技术差距越小的企业越能够从外资的外溢效应中受益。控制了 R&D 投入后，卡瑟里亚（Kathuria，2001）在印度行业中找到了积极的水平溢出效应。因此，本章提出假设5：

假设5：研发学习能力强的企业，国际化效应更加显著。

7.3
数 据 与 模 型

7.3.1　数 据 来 源

本部分数据来自世界银行2002年对中国1500家分布在不同地区的企业进行的调查数据。调查包括998家制造业企业和502家服务业企业，本部分使用的是服务企业的数据。根据企业是否参加出口和企业所有制，总结出表7-3。从国际化程度来看，表7-3的描述大致符合国际化程度越高、企业生产率越高的假设。同时进行进口和出口的服务企业的生产率、员工人数和人均固定资产都最高，销售额和固定资产净值也居于前列；纯进口的企业生产率、员工人数、销售额、固定资产高于纯出口企业，这和以前的研究一致（Castellani et al.，2010）。国际化程度最低，即没有国际贸易活动的企业，各项指标均低于任何一类有贸易活动的企业。从所有制分类来看，合资企业生产率远高于其他类型的企业，私营服务企业的生产率高于国资企业。国资企业较为臃肿，员工人数多、资产规模大，然而生产率却不及其他类型的企业。比较意外的结果是外资企业，员工人数多，生产率较低，这和前面外商独资企业生产率最高的假设不符。经过调查样本发现，这几个外资企业均为跨国公司的子公司。于是存在以下可能：一是样本数量较少；二是这些跨国公司是成本导向型，他们的主要目的是利用国内的劳动力成本优势降低生产成本，由于其劳动密集的特性，生产率较低；三是由于服务业管制较严、市场准入门槛较高，生产率较高的行业外资很难进入，因此它们往往以和本土企业合资的方式展开经营，这个时候，企业绩效和所有制之间就无特别关系。

表 7 - 3 样本企业 2000 年均值

分类	销售额	固定资产净值	员工人数	劳动生产率	人均资产	样本数
进口＋出口	610 442.8	948 862.0	3 315.5	1 536.8	3 076.4	4
进口	720 898.5	1 213 251.0	1 497.5	623.9	523.9	62
出口	159 122.5	213 242.9	826.9	611.7	743.8	19
无贸易	48 229.6	95 140.2	433.9	309.5	82.4	418
外资	43 386.0	960 266.1	1 277.7	459.0	340.3	7
合资	135 217.1	21 596.4	110.4	2 007.8	499.7	30
#内资	108 662.3	222 477.9	622.2	241.7	106.9	405
私营	84 604.4	154 732.8	279.7	277.7	92.6	194
国资	130 583.3	285 272.4	942.2	207.0	120.0	208
总计	132 233.0	230 897.1	556.9	353.7	138.1	493

注：内资企业为剔除外资企业和合资企业后所剩样本。

资料来源：Enterprise Surveys（http：//www. enterprisesurveys. org），The World Bank.

表 7 - 4 是根据企业行业总结的各项均值。调查中的企业全为生产性服务业，而其中各项指标的分布差异较大。会计及相关服务行业是调查中最年轻的行业。广告营销业是平均劳动生产率均值最高的行业。商业物流业是调查中最年长的行业，不仅资本密集，并且国有及集体所有企业占比也最高，私营企业力量比较弱。通信行业是调查中唯一没有出口的行业，外资企业占比较少，劳动生产率最低。信息技术业是五个行业中较为开放的行业，出口强度仅次于商业物流业，外资企业数量最多，私营企业力量最强。总的来说，平均劳动生产率较高的行业，如广告营销和信息技术业，有以下几个特征：成立时间短，从事出口，私营企业和外资企业所占份额较大。

表 7 - 4 样本企业 2000 年均值（分行业）

行业	劳动生产率	人均资本	年龄	出口强度	外资企业（%）	国资企业（%）	样本数
会计相关	279.93	84.60	5.31	0.004	6.73	35.58	104
广告营销	816.01	52.94	9.96	0.002	7.87	37.08	89
商业物流	242.92	269.43	19.57	0.043	9.09	61.82	110
通信	140.45	184.14	9.24	0	2.82	53.52	71
信息技术	302.38	102.44	7.41	0.033	10.16	25.78	128

7.3.2 计量模型

假设服务业生产函数是规模报酬不变的 C－D 生产函数：$Y = AK^{\alpha}L^{1-\alpha}$，将等式两边同除以 L 可得：

$$\ln(Y/L)_i = \alpha + \alpha_1 I_i^{pre-2000} + X_i'\beta + \alpha_3 \ln(K/L)_i + \varepsilon_i \qquad (7.1)$$

其中，Y/L 是企业 i 在 2000 年的劳动生产率，K/L 是该年企业 i 的人均资本[1]，X_i 是控制企业特征的向量，包括企业的年龄[2]，技术密集程度，行业虚拟变量，所有制结构，等等。I_i 是表示企业国际化程度的指标，除了某些指标外，均选取自 1999～1998 年期间的数据，这主要是考虑到变量影响的滞后性和内生性。式（7.1）检验了企业在 1998～1999 年的国际化程度对其生产率的影响。各指标的获取见表 7-5。其中，衡量出口的指标包括出口强度和过去出口专利总数，衡量进口的指标包括过去进口专利总数以及过去两年中进口机器设备的虚拟变量，表示进出口的指标是一个交叉项；供应链的国际化程度指标，水平方向上采用企业同行业的国际竞争者来表示，垂直方向上用国外供货商或客户占比来表示；本土化指标水平方向上用国内竞争者占比来表示，垂直方向上采用企业所在城市区域外的供货商或客户比重来表示。

表 7-5　　　　　　　　　　　　各指标解释

指标	描　　述
国际化与本地化指标	
exports98/exports99	出口强度：当年服务出口额/当年销售收入（%）
license_exp	过去出口专利总数
license_imp	过去进口专利总数
machine_imp	虚拟变量，如在 1998～2000 年进口机器设备则取 1
exp98 * imp/exp99 * imp	交叉项，出口强度 * 表示进口的虚拟变量 imp。imp = 1 如果 license_imp 不等于 0 或 machine_imp 等于 1
hrz	水平国际化程度：国外竞争者数/总竞争者数
fw	前向国际化程度：国外供货商数/总供货商数
bw	后向国际化程度：国外客户数/总客户数
hrz_local	水平本土化程度：国内竞争者数/总竞争者数
fw_local	前向本土化程度：区域外国内供货数/总供货商数
bw_local	后向本土化程度：区域外国内客户数/总客户数

---

① 由于控制了资本，此处对劳动生产率的影响即可以看做对全要素生产率的影响。

② 表示企业规模的代理变量员工数和企业年龄、所有制之间有严重的共线性，故没有考虑企业规模的影响。

续表

指标	描述
生产率指标	
ln（Y/L）	2000 年销售收入/当年员工人数（对数）
ln（K/L）	2000 年固定资产账面净值/当年员工人数（对数）
企业特征指标	
tech	技术密集度：2000 年工程与技术人员占比（%）
lnage	企业年龄（对数）
share_foreign	所有制结构：国外资本占比（%）
share_gov	所有制结构：国有及集体所有资本占比（%）

7.3.3　自我选择问题

前文已经提到国际贸易过程中存在的自我选择现象，即较有效率的企业更加国际化。这就不可避免地使国际化的影响和企业的自我选择问题混淆[①]。戈尔格和格林纳威（Görg and Greenaway，2001）指出，较之横截面数据，面板数据更能清晰地分析技术外溢。本章的数据为横截面数据，因此本章的实证存在局限。对此我们所能做的是，控制那些和生产率显著相关又和本章分析内容无关的因素，将样本中的企业分类，避免将这种自我选择放大。比如，外资企业的生产率较高，有国外竞争者和国外供需关系企业的概率也较高。不同部门的服务业生产率各不相同。因此，对于学习能力、成立时间和所有制结构、行业差异，我们也加以控制。其中，企业规模本应纳入控制范围，可是该变量和其他多个变量有严重的共线性，所以并未囊括。各变量的相关系数矩阵请见本章附录。

7.4
实证分析

7.4.1　结果描述

表 7－6 和表 7－7 展示了以国际贸易代表的国际化程度对企业生产率的影

---

① 因此本章探讨的主要是"相关性"，而非"因果性"。参见标题和各假设。

响。表7-6对企业所有制做了区分（假设3），表7-7则控制了企业的研发学习能力，为技术密集程度与代表国际贸易的变量的交互项（假设4）。其中表7-6的（1）~（4）列为所有企业的回归结果。

表7-6　　　　国际化程度对企业生产率的影响（国际贸易）

变量	所有企业				合资企业		内资企业	
	(1)	(2)	(3)	(4)	(5)	(6)	(7)	(8)
expits99	0.582 (0.538)				1.420* (0.747)		−0.275 (0.473)	
expits98		0.390 (0.595)						
license_exp	0.227 (0.331)	0.226 (0.330)			−2.833*** (0.868)		0.334 (0.302)	
license_imp	0.00157** (0.000648)	0.00156** (0.000650)			1.140* (0.564)		0.00105* (0.000601)	
machine_imp	0.0240 (0.198)	0.0229 (0.198)			−1.223* (0.674)		0.0470 (0.208)	
exp99 * imp			1.927* (1.023)			1.651 (1.602)		0.870*** (0.327)
exp98 * imp				2.345** (0.939)				
tech	0.248 (0.270)	0.247 (0.269)	0.242 (0.268)	0.243 (0.268)	0.933 (0.863)	1.621 (0.957)	0.405 (0.252)	0.418* (0.251)
ln (K/L)	0.336*** (0.0476)	0.338*** (0.0476)	0.333*** (0.0432)	0.332*** (0.0433)	0.397** (0.169)	0.217 (0.154)	0.323*** (0.0463)	0.322*** (0.0427)
lnage	−0.0844 (0.0975)	−0.0838 (0.0978)	−0.0945 (0.0985)	−0.0949 (0.0985)	0.403 (0.500)	−0.462 (0.639)	−0.0804 (0.0902)	−0.0906 (0.0903)
share_foreign	0.516* (0.288)	0.523* (0.287)	0.544* (0.285)	0.546* (0.285)				
share_gov	−0.118 (0.174)	−0.121 (0.174)	−0.112 (0.173)	−0.111 (0.173)				
行业虚拟变量	Yes	Yes	Yes	Yes	Yes	Yes	Yes	Yes
Constant	3.491*** (0.270)	3.489*** (0.270)	3.531*** (0.267)	3.535*** (0.267)	3.449*** (1.158)	5.541*** (1.400)	3.446*** (0.266)	3.478*** (0.262)
Observations	481	481	481	481	30	30	445	445
Adjusted R²	0.180	0.178	0.185	0.186	0.364	0.187	0.171	0.173
F test	8.080	8.044	12.58	13.87	10.12	2.412	9.090	30.35
Prob > F	0	0	0	0	3.96e-05	0.0813	1.73e-10	0

注：*** $p < 0.01$，** $p < 0.05$，* $p < 0.1$，括号内为标准差。内资为剔除掉纯外资以及合资公司剩下的企业。第（5）~（6）列为合资企业的回归结果，第（7）~（8）列为内资企业的回归结果。

表 7 - 7　　　　　　　　　国际化程度对企业生产率影响（技术密集）

变量	所有企业			
	（1）	（2）	（3）	（4）
tech * exp99	0. 234 （0. 444）			
tech * exp98			0. 302 （0. 403）	
tech * license_exp	0. 645 （0. 420）		0. 645 （0. 419）	
tech * license_imp	0. 00338 *** （0. 00122）		0. 00338 *** （0. 00122）	
tech * machine_imp	0. 553 （0. 446）		0. 554 （0. 446）	
tech * exp99 * imp		1. 662 （1. 323）		
tech * exp99 * imp				2. 303 （1. 648）
lncapit	0. 335 *** （0. 0461）	0. 342 *** （0. 0440）	0. 335 *** （0. 0461）	0. 342 *** （0. 0440）
lnage	− 0. 0808 （0. 0993）	− 0. 0892 （0. 0986）	− 0. 0810 （0. 0992）	− 0. 0894 （0. 0986）
forshare	0. 536 * （0. 289）	0. 523 * （0. 285）	0. 536 * （0. 289）	0. 523 * （0. 285）
govshare	− 0. 128 （0. 176）	− 0. 122 （0. 174）	− 0. 127 （0. 176）	− 0. 123 （0. 174）
行业虚拟变量	Yes	Yes	Yes	Yes
Constant	3. 532 *** （0. 264）	3. 547 *** （0. 260）	3. 532 *** （0. 263）	3. 548 *** （0. 260）
Observations	481	481	481	481
R-squared	0. 203	0. 198	0. 203	0. 198
Adjusted R^2	0. 182	0. 182	0. 182	0. 182
F test	10. 62	13. 64	10. 75	13. 69
Prob > F	0	0	0	0

注：*** $p < 0.01$，** $p < 0.05$，* $p < 0.1$，括号内为标准差。

由表 7-6 可以得到以下几个结论：第一，出口对企业生产率的贡献随着企业所有制的不同有很大变化。以出口服务的强度做指标来看，当样本是所有企业时，出口与生产率之间没有显著关系；但是在合资企业中，贡献最显著也最大；而在内资企业中，出口对生产率甚至有负面的影响（尽管不够显著）。以出口专利数做指标时，内资企业出口专利对生产率的贡献比其他类型的企业大，而在合资企业中，出口专利数和生产率之间有显著的负面关系。第二，进口技术在短期内对企业生产率的贡献非常一致。虽然我们看到，不同所有制企业中，进口技术对生产率的贡献幅度各不相同，但总体上都是正值且具有相当的显著水平。在几种类型的企业中，进口技术对合资企业贡献最大。对内资企业和总样本的贡献差别不大，为 0.001~0.0015。第三，进口机器设备和企业生产率关系不大。machine_imp 的系数在所有企业和内资企业中均不显著。这可能是因为，相较于物质资本来说，人力资本才是服务业首要的生产元素。但在合资企业中，这个值具有显著的负面性。第四，同时有进出口活动的企业生产率更高。这主要体现在交叉项 exp99 * imp 和 exp98 * imp 上。在第（3）、（4）、（8）列所有企业以及内资企业的回归结果中，这两项的系数均为显著的正值，系数也是其他项的数倍。在第（6）列合资企业中，这两项的系数依然较大，只是显著性不够，估计是因为样本数相对较少（30 个）。第五，进口技术的系数的值显著性高但值偏小，同时进出口系数的值最大。前者可能暗示着进口技术并不一定能从长期上提升企业的生产率，后者则说明国际化程度和企业生产率之间明显的正面关系。

将表 7-7 的结果与表 7-6 对比，可以大致验证假设 4。首先得到的第一印象是，无论从系数的大小还是显著性来看，研发能力强的企业从国际贸易中得到的收益高于一般企业。在给原有变量乘以表示技术密集度的变量以后，原有回归系数的值得到了较大的提升。在所有企业的回归结果中，原本 license_exp 的回归系数为 0.22 左右，而加入了技术密集度变量后，回归系数提升到 0.645；表 7-6 中出口专利对从进口专利这一变量的回归系数为 0.0016 左右，而表 7-7 中进口专利与技术密集度 tech * license_imp 这一交叉项的系数为 0.0033，增加了约 1 倍；进口机器设备与技术密集度 tech * machine_imp 这一交叉项的系数也由 0.02 左右扩大到 0.55。但是，研发能力强的企业，双向贸易（进出口）企业与其生产率的关系不明显。不仅系数没有较大改变，并且显著性也有降低。最后，从表 7-7 中还可以发现，tech * exp99 以及 tech * exp98 的系数有所降低。在加入技术密集度这个指标后，出口对生产率的贡献反而因此变小。我们推断，研发能力强的企业由于其竞争优势是技术，在以劳动密集型产品为主的出口模式下的效率提升有限。

表 7-8 从水平和垂直两个角度检验国际化对企业生产率的贡献。

表 7-8 国际化程度对企业生产率影响（水平、垂直）

VARIABLES	所有企业		合资企业		内资企业		技术密集型	
	(1)	(2)	(3)	(4)	(5)	(6)	(7)	(8)
hrz	0.565*	0.580*	0.314	0.299	0.227	0.224		
	(0.325)	(0.328)	(1.189)	(1.145)	(0.350)	(0.350)		
bw	-0.623		0.404		-0.591			
	(0.453)		(2.558)		(0.446)			
fw		-0.141		-0.838		0.183		
		(0.365)		(1.105)		(0.317)		
tech * hrz							0.588	
							(0.668)	
tech * fw							-0.590	
							(0.550)	
tech * bw								0.0119
								(0.711)
tech	0.291	0.273	1.466	1.564	0.445*	0.418		
	(0.265)	(0.264)	(1.221)	(1.191)	(0.252)	(0.257)		
ln (K/L)	0.340***	0.338***	0.284	0.336	0.323***	0.318***	0.344***	0.342***
	(0.0438)	(0.0440)	(0.179)	(0.198)	(0.0429)	(0.0435)	(0.0440)	(0.0438)
lnage	-0.0740	-0.0784	-0.239	-0.321	-0.0808	-0.0883	-0.0879	-0.0854
	(0.0977)	(0.0982)	(0.591)	(0.668)	(0.0898)	(0.0893)	(0.0984)	(0.0974)
share_foreign	0.465*	0.419					0.500*	0.520*
	(0.275)	(0.283)					(0.287)	(0.287)
share_gov	-0.116	-0.110					-0.123	-0.125
	(0.174)	(0.176)					(0.175)	(0.175)
行业虚拟变量	Yes	Yes	Yes	Yes	Yes	Yes	Yes	Yes
Constant	3.426***	3.437***	4.792***	4.826***	3.440***	3.455***	3.537***	3.542***
	(0.263)	(0.264)	(1.295)	(1.410)	(0.260)	(0.260)	(0.260)	(0.260)
Observations	481	481	30	30	445	445	481	481
Adjusted R^2	0.188	0.186	0.130	0.138	0.174	0.172	0.182	0.182
F test	10.65	10.18	1.712	1.904	12.45	12.31	11.78	13.72
Prob > F	0	0	0.178	0.139	0	0	0	0

注： ***p<0.01， **p<0.05， *p<0.1，括号内为标准差。

从表7-8可得如下结论：第一，水平方向上，同行竞争者的国际化程度对生产率的贡献比垂直方向上更大。在竞争者、客户、供货商这三者中，只有竞争者的国际化程度（水平国际化程度）对生产率的贡献系数是显著的正值，而垂直方向的国际化程度与不同类型的企业间存在复杂关系。第二，外溢效应呈现出递减趋势。虽然水平国际化程度与生产率之间有显著的正向关系，但是在剔除了外商独资企业后，竞争者国际化程度对生产率的促进作用虽然依旧为正，但显著性降低，系数值也降低了。继续剔除合资企业的样本，系数进一步降低。这说明水平溢出效应确实根据所有制有所差别，即验证了假设3。第三，技术密集型企业接受的国际外溢和一般企业并未有显著差异。

表7-9则检验了本土化程度与服务企业生产率的关系。

表7-9 **本地化程度对企业生产率影响（水平、垂直）**

VARIABLES	所有企业		合资企业		内资企业		知识密集型	
	(1)	(2)	(3)	(4)	(5)	(6)	(7)	(8)
hor_local	−0.276	−0.272	−0.366	−0.485	−0.168	−0.166		
	(0.182)	(0.183)	(1.006)	(1.036)	(0.178)	(0.180)		
bw_local	0.314		−0.965		0.336			
	(0.217)		(0.988)		(0.216)			
fw_local		0.363 **		−0.484		0.338 *		
		(0.173)		(0.867)		(0.176)		
tech * hor_local							0.346	
							(0.283)	
tech * fw_local							0.457	
							(0.569)	
tech * bw_local								0.571
								(0.513)
tech	0.192	0.231	1.681 *	1.590	0.372	0.413		
	(0.269)	(0.270)	(0.836)	(0.953)	(0.254)	(0.254)		
ln（K/L）	0.334 ***	0.337 ***	0.345 *	0.343 *	0.316 ***	0.320 ***	0.340 ***	0.341 ***
	(0.0439)	(0.0431)	(0.191)	(0.195)	(0.0429)	(0.0422)	(0.0439)	(0.0439)
lnage	−0.0861	−0.0928	−0.219	−0.290	−0.0903	−0.0995	−0.0791	−0.0855
	(0.0980)	(0.0985)	(0.549)	(0.584)	(0.0891)	(0.0905)	(0.0987)	(0.0983)
shrare_foregin	0.419	0.453					0.551 *	0.513 *
	(0.285)	(0.283)					(0.285)	(0.287)

VARIABLES	所有企业		合资企业		内资企业		知识密集型	
	(1)	(2)	(3)	(4)	(5)	(6)	(7)	(8)
share_gov	-0.0958	-0.113					-0.131	-0.117
	(0.176)	(0.174)					(0.175)	(0.176)
行业虚拟变量	Yes	Yes	Yes	Yes	Yes	Yes	Yes	Yes
Constant	3.659***	3.637***	5.025***	5.027***	3.555***	3.545***	3.474***	3.513***
	(0.303)	(0.303)	(1.287)	(1.373)	(0.297)	(0.294)	(0.267)	(0.261)
Observations	481	481	30	30	445	445	481	481
Adj R²	0.188	0.189	0.169	0.146	0.177	0.178	0.184	0.184
F test	10.57	10.46	2.347	2.432	13.77	12.83	11.80	13.45
Prob > F	0	0	0.0787	0.0707	0	0	0	0

与表7-8的结果对照，可以发现几个有趣的结论：第一，本区域外本土同行竞争者占比与企业生产率负相关，即使在控制了所有制后这种关系也依然存在。而在表7-8中，国际同行竞争者占比与企业生产率是正相关的。这可能说明我国服务业市场上有一种混乱竞争的局面。对于合资企业，这种负面关系似乎特别明显。第二，对内资企业和所有企业来说，本地化的前向和后向关联效应都对企业生产率有正面影响，特别是前向的本土化，有显著的促进效果。但是这种效果依旧没有对合资企业产生积极影响。第三，在吸收能力强的企业中，本地化与其效率的关联都是正面的，但不是特别显著。

7.4.2 总结与进一步讨论

总的来说，本章的回归结果更加倾向"进口与生产率正相关"（假设1c）的假设，特别是进口技术这一变量，与生产率的积极关系不论在哪种类型的企业中都显著存在。而出口技术以及出口服务都不能通过检验。假设1b"出口与生产率正相关"的假设在本章的样本中不能得到很好的支持，这似乎表明，进口对生产率的效应大于出口对生产率的效应。假设1a的支持度较高，在不同类型企业的回归结果中我们看到，在考虑了企业的技术能力、所有制后，企业的国际化程度越高，越是同时进行进口与出口，这类企业的生产率就越高。这个结果在所有企业和内资企业中表现得尤其显著。

水平国际化程度与生产率正面关系在所有企业的样本中明显的存在，但是在合资企业和内资企业中就不明显了。这说明样本中的自我选择效应是存在的，即外资企业的同行竞争对手多为外国企业。但在合资企业和内资企业的结果中两者依旧有正面联系，则说明不能据此否认竞争效应的存在：国际竞争越激烈，越能够促使企业效率的提升。前向国际化程度与生产率关系不显著，假设2b没有通过验证。后向国际化程度与生产率负相关，假设2c也没有通过检验；后向国际化与生产率的负号值得注意，可能的原因是，由于我国还是服务业发展滞后的国家，收入水平较低，因此同一种服务活动与发达国家相比价格差距大。比之生产率较高的知识密集型服务，劳动密集型的服务在中国更为廉价，具有比较优势。因此海外客户主要购买的是劳动密集型行业的服务，企业生产率就和海外客户占比有负面关系。

还需注意的是，样本企业在水平方向上有一定的国际化程度，而垂直方向上基本没有国际化（见表7-10）。如果以外商独资企业作为国际化程度的基准，从同行业竞争者比重这个指标来看，我国服务企业具有一定的水平国际化程度，合资企业的平均国外客户比重甚至是独资企业的2倍，私营企业和国有企业的水平国际化程度略低于独资企业，但相差不大。从垂直方向上看，合资企业的国际化程度大于私营企业和国有企业，但三者均与独资企业差距悬殊，比重不足10%，私营企业和国有企业更是小于5%。这个现象也许可以用"门槛"来解释。水平方向上国际化程度已经达到了某个"门槛"，因此竞争效应、示范效应能够被发动；垂直方向上国际化还没有达到能够影响企业生产率的"门槛"，因此外溢效应较少。这可能也是假设2b和假设2c没有通过检验的原因。

表7-10　　　　　　　　　　样本企业国际化程度（均值）

	独资	合资	私营	国有
水平国际化	0.158	0.376	0.107	0.074
后向国际化	0.257	0.096	0.024	0.035
前向国际化	0.295	0.075	0.057	0.006

水平的本地化程度与生产率之间关系为负，假设3a得到了一定程度的支持。后向本地化程度与前向本地化程度与生产率之间有较强的积极关系，假设3b通过了检验。后向本地化程度与生产率关系不显著。

假设4基本得到支持，从表7-6~表7-8各类企业的系数以及显著性来看，所有制的差别效应相当明显。至于假设5，技术密集型的企业在国际贸易中得到的收益大于一般企业，但支持力度不强。在考虑溢出渠道后，这类企业和一般企业没有特别显著的差异。这也是一个值得讨论的现象。

另外可以发现，合资企业的回归结果是几种类型企业中的特例。主要表现在，"在出口中学习"以及"生产率高的企业出口"这两个假说仅在合资企业中有较明显的体现，而出口技术、进口机器设备与合资企业的生产率显著负相关。在表7-8和表7-9中，合资企业的结果也与所有企业及内资企业不同。这一方面可能是因为样本数量不足，另一方面说明了企业的所有制确实是国际化的影响因素，至于合资这种制度怎样影响了企业的表现，这个问题就必须从合资企业成立背景、现状等方面入手，进行具体分析。

在任何一个表中，我们均可以发现外资股权比例与服务企业生产率显著正相关，国有股权比例与生产率负相关，企业的成立时间与生产率负相关。这就说明外资服务企业相对于国资来说确实是高效的；老的企业由于市场上的垄断地位，其占据市场的时间越长，就越无法像年轻的企业一样产生创新和改进生产率的动力。

7.5

结　论

本章采用世界银行的微观调查数据，主要检验了我国服务业（主要是生产性服务业）企业生产率与国际化程度间的关系。基于服务业的特性，本章讨论了服务业本土化与国际化的互动关系，以及它们如何通过供应链对企业生产率产生影响。通过实证检验本章发现：

从贸易类型来看，出口与生产率之间的积极关系并不如进口（主要为技术）明显。广泛意义上的出口仅仅显著地促进了合资企业的生产率，但与所有企业和内资企业没有正面关系。出口技术也不能明显促进服务企业生产率。然而本章在进口与生产力之间发现了较为明显的正面关系，譬如，进口专利技术企业的生产率显著正面相关，即使分所有制、分企业类型来看，这种关系也十分稳健；当用进口机器设备作为指示进口程度的变量时，进口和生产率的正面关系就被削弱。双向的贸易行为与生产率的正面关系最为明显，这种关系在大多数类型的企业中都存在。进一步，观察各类型贸易与生产率的系数我们发现，进口专利技术对生产率的促进虽然显著但是程度偏小，这说明进口专利技术的效应很可能是短期的，在长期无法单依赖进口达到提升生产率的目的；而双向贸易的效应是纯进口或出口变量效应的数倍，这不仅说明同时进出口的企业效率较高，还能说明，国际化程度越高，企业生产效率就越高。具体来说，在先进口后出口或先出口后进口的企业中可能存在着学习效应，比如，服务企业借助进口技术专利、提高生产效率以达到出口的目的，或者服务企业在出口贸易的过程中意识到提升效率的重要性，从而进口技术，等等。

从企业分类来看，不同所有制企业的国际化程度和生产率之间的差异较大。所有企业、内资企业和合资企业的实质结果并不一致。就出口与生产率的关系而言，合资企业的出口与生产率显著正相关，内资企业与之负相关。就产品供应链关系而言，尽管同行业竞争者的国际化比重与所有企业显著正相关，但这种外溢随着所有制的不同而递减。研发能力较强的技术密集型企业，在从事与其优势有关的活动，如进出口技术、设备时，具有扩大国际化效应的优势，但在其他国际化模式下，这种效应不显著。

从供应链关系来看，竞争者的国际化程度与生产率正相关，供货商本土化的程度与生产率正相关。客户或供应商的国际化程度与生产率间没有显著关系存在。这与制造业实证研究中前后向关联通常与生产率有正面联系的一般印象不符。在本章的服务业企业样本中，外资的竞争效应以及内资的前向关联效应可能比制造业突出。

本章的研究结果具有以下几个方面的重要启示：

首先，出口和进口作为企业国际化的表现，都是提升技术水平和效率的有效手段。过去我国在出口导向型的模式下，长久以来进口一直处于从属的地位，金融危机以后，这种模式的弊端越来越清晰显现：一方面对外贸易环境恶化，人民币不断升值，外需疲软，出口企业的生存空间受到严重挤压；另一方面，对内积累了过量的购买力，加剧了国内的通货膨胀。这个问题的解决方案之一是重新认识进口的重要性。抓准时机进口国外技术等，不仅消化了过剩的购买力，而且以较低的价格购买了国外技术，促进了生产能力的提升。但是我们还需注意，单纯的进口只能换来短期的生产效率，换不来长期自主创新能力的提高。在我国经常发现这样一种现象，企业在"引进技术—消化吸收—自主开发"的轨迹中，始终重复着第一段。"中国大中型国有工业企业技术引进经费总额和消化吸收经费两项费用的比例是 $1:0.06$。而韩国、日本企业引进技术和消化吸收的比例则达到 $1:5$ 到 $1:8$。"[1]因此，在进口的过程中，学习消化是关键的一环。

其次，扩大对外开放程度。我国以往的开放重点是制造业，服务业的开放程度一直滞后。众所周知，中国经济发展得益于制造业高速成长，制造业超高速成长的机遇来自中国主动地接受制造业国际外包。如果说制造业外包是中国发展的第一轮机遇，那么服务业国际化、接受国际服务业外包，就是中国经济

① 《中国七成国企无研发机构　创新缺失越引进越落后》，载《中国经济周刊》2006 年 1 月 23 日。

高速成长的第二轮重要机遇的重要体现。本章的实证结果发现了外资股权比例、国外竞争者比重与企业生产率的积极关系。为了最大程度地利用国际化的外溢效应，需要更加自由和灵活的政策。在保证经济安全的前提下，除了逐渐放松准入限制，还可以鼓励外资以合资的方式进入。对于我国发展滞后的某些高端服务业，如文化创意产业等，应通过外商的竞争示范和辐射效应，提升内资企业的水平。另外，对外开放不仅包括"引进来"，还要包括"走出去"。鼓励我国的优秀服务企业走出国门，参与国际竞争，这不仅要求企业自身竞争能力的提高，也要求政府打造好国内企业走出国门的服务平台，为企业提供信息、金融、法律等各项支持。

再次，国际化并不意味着厚外薄内，对内资企业采取歧视性政策。开放包括对外对内的同步开放。我国服务业国际化程度低，很大一部分原因来自对内开放的薄弱。在我国，高利润的高端服务业大多被国有资本垄断，不允许民间资本进入。国有服务企业普遍冗员低效，体制僵化，民营服务企业的生产率较高；实证结果表明，国有股权比例、企业成立时间的长短与生产率有负面关系。要允许民间资本进入，需要打破服务业行业的垄断。服务业本地化的特点也要求本土互补服务企业的支持。本章的实证研究表明，本国其他区域内供货商的比重越大，企业生产率越高。而国外供货商比重与企业生产率不相关。最大程度地优化配置资源，需要打破地方上的行政垄断。因此，对内开放的重点应是打破行业垄断和地区垄断，给民间资本创造公平的竞争机会，同时鼓励各地区新兴民营中小服务企业的健康发展。对内开放受到限制，对外开放也就无从谈起。因此，我国服务业的国际化首先应当从对内开放开始，然后才能逐步过渡到对外开放。

最后，处理好服务本地化与国际化的关系。本地化和国际化是互相矛盾但又互相统一的一个过程。国际化体现了国际生产方式和消费行为的趋同，但又呈现出本地化多样化的特征。国际化就是在国际视角下，利用国际的各种高端资源，参与国际的市场竞争，提升本国企业竞争力。本地化则可以利用服务业的特性，吸引本地消费者，使用本地高级生产要素，从而提高企业利润，拉动当地经济增长。这种特殊的辩证关系表现在服务业上，就是要从战略上国际化，从战术上本地化。服务国际化是不可逆转的一种必然趋势，服务的本地化是不可或缺的必要手段。

本章的局限主要在于数据。数据将研究限制在2002年，由于服务贸易从近10年开始才开始迅猛发展，因此它并不能理想地代表现阶段我国服务企业的国际化程度。而横截面的数据仅能粗略探讨企业生产率和国际化之间的关系，更深入的研究应从动态的角度出发，全面刻画国际化和生产率的双向反馈机制。并且，本章描述国际化程度还较为粗糙，比如欠缺外商直接投资、承接国际外包等方面的国际化关键变量，供应链的国际化程度也无法用产出、劳动力或 FDI 的指标呈现，难以清晰和明确地描述外溢的程度和机制。

参考文献

1. 陈勇兵、仉荣、曹亮：《中间品进口会促进企业生产率增长吗——基于中国企业微观数据的分析》，载《财贸经济》2012 年第 3 期。

2. 戴觅、余淼杰、M. Maitra：《中国出口企业生产率之谜：纯出口企业的作用》，CCER 讨论稿，2011 年。

3. 江小涓：《服务全球化的发展趋势和理论分析》，载《经济研究》2008 年第 2 期。

4. 亓朋、许和连、艾洪山：《外商直接投资企业对内资企业的溢出效应：对中国制造业企业的实证研究》，载《管理世界》2009 年第 4 期。

5. 许和连等：《外商直接投资的后向链接溢出效应研究》，载《管理世界》2007 年第 4 期。

6. 易靖韬、傅佳莎：《企业生产率与出口：浙江省企业层面的证据》，载《世界经济》2011 年第 5 期。

7. 余淼杰：《中国的贸易自由化与制造业企业生产率：来自企业层面的实证分析》，载《经济研究》2011 年，第 97 – 110 页。

8. 张杰、李勇、刘志彪：《出口促进中国企业生产率提高吗？——来自中国本土制造业企业的经验证据：1999～2003》，载《管理世界》2009 年第 12 期。

9. 张杰、刘志彪、郑江淮：《出口战略，代工行为与本土企业创新》，载《经济理论与经济管理》2008 年第 1 期。

10. Abraham, F., J. Konings, and V. Slootmaekers, FDI spillovers in the Chinese manufacturing sector. Economics of Transition, 2010. 18 (1): pp. 143 – 182.

11. Acharya, R. C. and W. Keller, Estimating the Productivity Selection and Technology Spillover Effects of Imports. 2008.

12. Aitken, B. J. and A. E. Harrison, Do Domestic Firms Benefit from Direct Foreign Investment? Evidence from Venezuela. The American Economic Review, 1999. 89 (3): pp. 605 – 618.

13. Altomonte, C. and G. Békés, Trade complexity and productivity. IEHAS Discussion Papers, 2009. 914.

14. Andersson, M., H. Lööf, and S. Johansson, Productivity and interna-

tional trade: Firm level evidence from a small open economy. Review of World Economics, 2008. 144 (4): pp. 774 – 801.

15. Belderbos, R., V. Van Roy, and F. Duvivier, International and domestic technology transfers and productivity growth: Empirical evidence for flanders. 2008.

16. Bernard, A. B., et al., Firms in International Trade. Journal of Economic Perspectives, 2007. 21 (3): pp. 105 – 130.

17. Blalock, G. and P. J. Gertler, Foreign direct investment and externalities: The case for public intervention. Does foreign direct investment promote development, 2005: pp. 73 – 106.

18. Breinlich, H. and C. Criscuolo, International trade in services: A portrait of importers and exporters. Journal of International Economics, 2011. 84 (2): pp. 188 – 206.

19. Castellani, D., F. Serti, and C. Tomasi, Firms in International Trade: Importers' and Exporters' Heterogeneity in Italian Manufacturing Industry. World Economy, 2010. 33 (3): pp. 424 – 457.

20. Castellani, D. and A. Zanfei, Internationalisation, Innovation and Productivity: How Do Firms Differ in Italy? World Economy, 2007. 30 (1): pp. 156 – 176.

21. Damijan, J. P., J. De Sousa, and O. Lamotte, Does international openness affect the productivity of local firms? Economics of Transition, 2009. 17 (3): pp. 559 – 586.

22. De Backer, K. and L. Sleuwaegen, Does Foreign Direct Investment Crowd Out Domestic Entrepreneurship? Review of Industrial Organization, 2003. 22 (1): pp. 67 – 84.

23. Eaton, J., S. Kortum, and F. Kramarz, An anatomy of international trade: Evidence from French firms. 2008, National Bureau of Economic Research.

24. Freund, C. and D. Weinhold, The Internet and international trade in services. American Economic Review, 2002: pp. 236 – 240.

25. Ghani, E., The Service Revolution in South Asia. 2010, New Dehli, India: Oxford University Press.

26. Görg, H. and D. Greenaway, Foreign direct investment and intra-industry spillovers: a review of the literature. Research paper/Leverhulme Centre for Research on Globalisation and Economic Policy, No. 2001, 37, 2001.

27. Gorodnichenko, Y. , J. Svejnar, and K. Terrell, When Does FDI Have Positive Spillovers? Evidence from 17 Emerging Market Economies. 2007, Institute for the Study of Labor (IZA).

28. Grubel, H. G. , All traded services are embodied in materials or people. The World Economy, 1987. 10 (3): pp. 319 – 330.

29. Hagemejer, J. and M. Kolasa, Internationalisation and Economic Performance of Enterprises: Evidence from Polish Firm-level Data. The World Economy, 2011. 34 (1): pp. 74 – 100.

30. Haskel, J. E. , S. C. Pereira, and M. J. Slaughter, Does inward foreign direct investment boost the productivity of domestic firms? 2002, National Bureau of economic research.

31. Helpman, E. , Trade, FDI, and the Organization of Firms. 2006, National Bureau of Economic Research.

32. Javorcik, B. , K. Saggi, and M. Spatareanu, Does it matter where you come from? Vertical spillovers from foreign direct investment and the nationality of investors. Vertical Spillovers from Foreign Direct Investment and the Nationality of Investors (November 5, 2004). World Bank Policy Research Working Paper, 2004 (3449).

33. Javorcik, B. , K. Saggi, and M. Spatareanu, Does it matter where you come from? Vertical spillovers from foreign direct investment and the nationality of investors. Vertical Spillovers from Foreign Direct Investment and the Nationality of Investors (November 5, 2004). World Bank Policy Research Working Paper, 2004 (3449).

34. Javorcik, B. S. , Does foreign direct investment increase the productivity of domestic firms? In search of spillovers through backward linkages. The American Economic Review, 2004. 94 (3): pp. 605 – 627.

35. Kasahara, H. and J. Rodrigue, Does the use of imported intermediates increase productivity? Plant-level evidence. Journal of Development Economics, 2008. 87 (1): pp. 106 – 118.

36. Kathuria, V. , Foreign firms, technology transfer and knowledge spillovers to Indian manufacturing firms: a stochastic frontier analysis. Applied Economics, 2001. 33 (5): pp. 625 – 642.

37. Keller, W. and S. R. Yeaple, Multinational Enterprises, International Trade, and Productivity Growth: Firm-Level Evidence from the United States. Re-

view of Economics and Statistics, 2009. 91 (4): pp. 821 – 831.

38. Konings, J., M. Rizov, and H. Vandenbussche, Investment and financial constraints in transition economies: micro evidence from Poland, the Czech Republic, Bulgaria and Romania. Economics Letters, 2003. 78 (2): pp. 253 – 258.

39. Kosová, R., Do Foreign Firms Crowd Out Domestic Firms? Evidence from the Czech Republic. Review of Economics and Statistics, 2010. 92 (4): pp. 861 – 881.

40. Kox, H. and H. Rojas-Romagosa, Exports and Productivity Selection Effects for Dutch Firms. De Economist, 2010. 158 (3): pp. 295 – 322.

41. Kugler, M., The diffusion of externalities from foreign direct investment: theory ahead of measurement. 2000, University of Southampton, Economics Division, School of Social Sciences.

42. Lawrence, R. Z. and D. E. Weinstein, Trade and growth: import-led or export-led? Evidence from Japan and Korea. National Bureau of Economic Research Working Paper Series, 1999. No. 7264.

43. Melitz, M. J., The Impact of Trade on Intra-Industry Reallocations and Aggregate Industry Productivity. Econometrica, 2003. 71 (6): pp. 1695 – 1725.

44. Muûls, M. and M. Pisu, Imports and Exports at the Level of the Firm: Evidence from Belgium. World Economy, 2009. 32 (5): pp. 692 – 734.

45. Stancik, J., Horizontal and vertical FDI spillovers: Recent evidence from the Czech Republic. CERGE-EI Working Paper, 2007 (340).

46. Temouri, Y., A. Vogel, and J. Wagner, Self-selection into export markets by business services firms: Evidence from France, Germany and the United Kingdom. 2010.

47. Tomiura, E., Foreign outsourcing, exporting, and FDI: A productivity comparison at the firm level. Journal of International Economics, 2007. 72 (1): pp. 113 – 127.

48. Vogel, A. and J. Wagner, Higher productivity in importing German manufacturing firms: self-selection, learning from importing, or both? Review of World Economics (Weltwirtschaftliches Archiv), 2010. 145 (4): pp. 641 – 665.

49. Wagner, J., Exports and Productivity: A Survey of the Evidence from Firm-level Data. World Economy, 2007. 30 (1): pp. 60 – 82.

附录

	tech*~99	tech*~98	tech~imp	tech~exp	tech~ne	exports99	exports98	machine	tech	lnage	share_~n	share_gov
tech*exports99	1											
tech*exports98	0.9878	1										
tech*lic_imp	-0.0024	-0.0023	1									
tech*lic_exp	0	-0.0017	-0.0025	1								
tech*machine_imp	0.1272	0.0999	-0.0083	0.2612	1							
exports99	0.5743	0.557	-0.0048	-0.0048	0.0557	1						
exports98	0.5755	0.5735	-0.0043	-0.0058	0.0449	0.9476	1					
machine	0.0506	0.0374	-0.0142	0.0909	0.6056	0.0484	0.049	1				
tech	0.1503	0.1476	0.0508	0.1618	0.261	0.0121	0.0192	0.0187	1			
lnage	0.04	0.0365	0.0092	-0.091	-0.0206	0.0508	0.0587	0.0907	-0.1855	1		
share_foreign	-0.015	-0.0093	-0.0157	0.0455	-0.0486	0.0653	0.0533	0.0115	0.0415	-0.1076	1	
share_gov	-0.0338	-0.0323	0.0412	-0.0535	0.054	0.0015	0.0092	0.0419	-0.0717	0.3982	-0.1968	1

	hrz	fw	bw	tech*hrz	tech*fw	tech*bw	lnage	share_foreign	share_gov
hrz	1								
fw	0.028	1							
bw	0.0466	0.4177	1						
tech*hrz	0.5688	0.0235	0.1376	1					
tech*fw	-0.0179	0.7338	0.3554	0.0293	1				
tech*bw	0.0443	0.3773	0.7623	0.2034	0.5266	1			
lnage	-0.0594	-0.0215	-0.0329	-0.0852	-0.061	-0.115	1		
share_foreign	0.2465	0.1897	0.0062	0.124	0.0675	-0.0251	-0.1076	1	
share_gov	-0.1105	-0.0623	-0.0499	-0.099	-0.0558	-0.048	0.3982	-0.1968	1

续表

	hrz_local	fw_local	bw_local	tech * hrz ~ l	tech * fw ~ l	tech * bw ~ l	tech00	lnage	share_foreign	share_gov
hrz_local	1									
fw_local	0.0112	1								
bw_local	-0.0449	0.1452	1							
tech * hrz ~ l	0.289	0.0009	0.1312	1						
tech * fw ~ l	-0.0443	0.1007	0.5993	0.4631	1					
tech * bw ~ l	-0.1194	0.531	0.1743	0.3042	0.3969	1				
tech00	-0.1223	0.0414	0.139	0.7526	0.556	0.5128	1			
lnage	0.0668	0.0173	-0.0066	-0.1568	-0.096	-0.1028	-0.1855	1		
share_foreign	-0.2437	0.0118	0.1414	-0.0542	0.0945	0.0642	0.0415	-0.1076	1	
share_gov	0.1316	0.0676	-0.0544	-0.0386	-0.0842	-0.0132	-0.0717	0.3982	-0.1968	1

图书在版编目（CIP）数据

服务业生产率与服务业发展研究／刘丹鹭著．—北京：
经济科学出版社，2013.8
（服务经济博士论丛）
ISBN 978－7－5141－3590－9

Ⅰ.①服…　Ⅱ.①刘…　Ⅲ.①服务业－劳动生产率－
研究－中国　Ⅳ.①F719

中国版本图书馆 CIP 数据核字（2013）第 151718 号

责任编辑：齐伟娜
责任校对：杨　海
版式设计：代小卫
责任印制：李　鹏

服务业生产率与服务业发展研究
刘丹鹭　著
经济科学出版社出版、发行　新华书店经销
社址：北京市海淀区阜成路甲 28 号　邮编：100142
总编部电话：88191217　发行部电话：88191540
网址：www.esp.com.cn
电子邮件：esp@ esp.com.cn
天猫网店：经济科学出版社旗舰店
网址：http://jjkxcbs.tmall.com
北京季蜂印刷有限公司印装
787×1092　16 开　11 印张　200000 字
2013 年 8 月第 1 版　2013 年 8 月第 1 次印刷
ISBN 978－7－5141－3590－9　定价：26.00 元
（图书出现印装问题，本社负责调换。电话：88191502）
（版权所有　翻印必究）